暨南文库·新闻传播学
*JINAN Series in Journalism & Communication*

# 编 委 会

瞭望者

J

暨南文库·新闻传播学 **1**
*JINAN Series in Journalism & Communication*

# 数字时代的场景传播

朱　磊　等著

暨南大学出版社
JINAN UNIVERSITY PRESS

中国·广州

图书在版编目（CIP）数据

数字时代的场景传播/朱磊等著. —广州：暨南大学出版社，2019.12
（暨南文库. 新闻传播学）
ISBN 978 - 7 - 5668 - 2822 - 4

Ⅰ.①数…　Ⅱ.①朱…　Ⅲ.①数字技术—应用—传播媒介—研究
Ⅳ.①G206.2 - 39

中国版本图书馆 CIP 数据核字（2019）第 273242 号

**数字时代的场景传播**
SHUZI SHIDAI DE CHANGJING CHUANBO
著　者：朱　磊　等
·········································································································

出　版　人：徐义雄
项目统筹：黄圣英
责任编辑：郑晓玲　姜琴月
责任校对：张学颖　林玉翠
责任印制：汤慧君　周一丹

出版发行：暨南大学出版社（510630）
电　　话：总编室（8620）85221601
　　　　　营销部（8620）85225284　85228291　85228292（邮购）
传　　真：（8620）85221583（办公室）　85223774（营销部）
网　　址：http://www.jnupress.com
排　　版：广州尚文数码科技有限公司
印　　刷：广州市快美印务有限公司
开　　本：787mm×1092mm　1/16
印　　张：10.5
字　　数：183 千
版　　次：2019 年 12 月第 1 版
印　　次：2019 年 12 月第 1 次
定　　价：42.00 元

# 总　序

……

　　如果从口语传播追溯起，新闻传播的历史至少与人类的历史一样久远。古人"尝恨天下无书以广新闻"，这大约是中国新闻传播活动走向制度化的一次比较早的觉醒。

　　消息、传闻、故事、新闻、报道，乃至愈来愈切近的信息、传播、大数据，它们或者与人们的生活特别相关、比较相关、不那么相关、一点也不相干，或者被视为一道道桥上的风景、一缕缕窗边的闲情抑或一粒粒天际的尘埃，转眼消失在风里。微观地看，除了极少数的场景外，新闻多一点还是少一点，未必会造成实质性的差别；本质地看，人类作为社会性的动物，莫不以社会交往，包括新闻传播的存在和丰富化为前提。

　　这也恰好是新闻传播生存样态的一种写照——人人心中有，大多笔下无。它的作用机制和内在规律究竟为何，它的边界究竟如何界定，每每人见人殊。要而言之，新闻传播学界其实永远不乏至为坚定、至为执着的务求寻根问底的一群人。

　　因此人们经常欣喜于新闻传播学啼声的清脆、交流的隽永，以及辩驳诘难的偶尔露峥嵘。重要的也许不是发现本身，而是有越来越多的研究者参与其中，或披荆斩棘，或整理修葺。走的人多了，便有了豁然开朗。倘若去粗取精，总会雁过留声；倘若去伪存真，总会人过留名。

　　走的人多了，我们就要成为真正的学术共同体，不囿于门户之见，又不息于学术的竞争。走的人多了，我们也要不避于小心地求证、深邃地思考，学而不思则罔。走的人多了，我们还要努力站在前人、今人的肩膀上，站得更高一些，看得更远一些。

　　这里的"我们"，所指的首先是暨南大学的新闻传播学人。自 1946 年起，创系先贤、中国第一位新闻学博士、毕业于德国慕尼黑大学的冯列山先生，以及上海《新闻报》总经理詹文浒先生等以启山林，至今弦歌不辍。求学问道的同好相互砥砺，相互激发，始有本文库的问世。

"我们"，也是沧海之一粟。小我终究要融入大我，我们的心血结晶不仅要接受全国同一学科学术共同体的检验，还要接受来自新闻、视听、广告、舆情、公共传播、跨文化传播等领域的更多读者的批评。重要的不完全是结果，更多的是过程。在这一过程中我们特别关注以下剖面：

第一，特定经验与全球视野的结合。文库的选题有时是从一斑窥起，主要目标仍然是研究中国全豹，当然，我们也偶或关注印度豹、非洲豹和美洲豹。在全球化时代，我们的研究总体会自觉不自觉地增添一些国际元素。

第二，理论思辨与贴近现实的结合。犹太谚语云"人类一思考，上帝就发笑"，或许指的是人力有时而穷，另外一种解释是万一我们脱离现实太远，也有可能会堕入五里雾中。理论联系实际，不仅是哲学的或革命的词句，也是科学的进路。

第三，新闻传播与科学技术的结合。作为一个极具公共性的学术领域，新闻传播的工具属于拿来主义的为多。而今，更是越来越频繁地跨界，直指5G、云计算、人工智能等自然科学的地盘。虽然并非试图攻城拔寨，但是新兴媒体始终是交叉学科的前沿地带之一。

归根结底，伟大的时代是投鞭击鼓的出卷人，我们是新闻传播学某一个年级某一个班级的以勤补拙的答卷人，广大的同行们、读者们是挑剔犀利的阅卷人。我们期望更多的人加入我们，我们期望为知识的积累和进步贡献绵薄的力量，我们期望不辜负于这一前所未有的气势磅礴的新时代！

**编委会**

2019 年 12 月

# 从用户区分到场景区隔

…… ……

# 从用户区分到场景区隔

## ——基于价值观和生活形态量表的 VR 用户研究

### 一、研究背景与目的

VR 即"虚拟现实",指利用计算机生成一种模拟环境,并通过多种专用设备使用户"投入"到该环境中,实现用户与该环境直接进行自然交互的技术。[①]用户使用在现实生活中习得的技能对虚拟世界中的物体进行考察或操作,沉浸感、交互性和想象性三大特性带来全新感官体验的同时也引发了新一轮的场景革命。2016 年被誉为 VR 产业元年,大量科技巨头入资布局,各类 VR 产品进入消费级市场,并逐步向教育、游戏、房地产等多个领域渗透。高盛 2016 年发布的报告显示,继智能手机和 PC(个人电脑)之后,VR 与 AR(增强现实)有潜力成为下一个重大通用计算平台。新的市场正在形成,当前围绕它们展开的各项努力终将重塑消费者的行为方式。预计到 2025 年,VR/AR 市场规模将达到 800 亿美元。然而追逐成功的商业逻辑往往会扼杀新技术最初蕴含的多种可能性,业界和学界当下也多是以虚拟现实技术为出发点,对 VR 的讨论集中在硬件设备的技术攻关以及在商业、教育等具体应用领域方面,对 VR 用户的观照较少。不容忽视的是,用户是任何消费场景中都不可或缺的重要因素。就VR 而言,无论在技术层面还是商业推广方面,VR 特性和价值的发挥,很大程度上取决于用户的自主性和参与性,用户既是场景规则下的参与者,也是新场景的建构者。换而言之,只有以用户为出发点审视 VR 场景,才有可能看到更为广阔的 VR 发展图景。

就用户自身而言,用户个体化和注意力碎片化程度的加深给用户研究带来了新的挑战。因此,虽已知场景下的用户各异,但过往传统的用户区分方法是否依然奏效有待考量。此外,媒介发展引发场景变化,用户价值不断提升,不

---

① 申蔚、曾文琪编著:《虚拟现实技术》,北京:清华大学出版社,2009 年,第 3 页。

同用户也在重塑场景边界，用户和新场景之间微妙的关系对于用户研究而言有何影响，对于未来 VR 场景的研究又有何启示？基于此，本文以用户为切入点，通过对当下 VR 用户群体特性的研究，洞悉未来 VR 场景的多种可能。

## 二、数据来源及研究方法

本文数据来源于笔者主持的《中国 VR 营销生态白皮书（用户篇）》（下文简称《白皮书》）研究项目①，该项目问卷于 2016 年 4 月通过上海南康计算机辅助在线调查平台，对北京、上海、广州、深圳、杭州、苏州、武汉、成都、西安、沈阳十大城市的消费者实施问卷调查，并根据 CNNIC（中国互联网络信息中心）第 37 次《中国互联网络发展状况统计报告》对样本年龄进行配额抽样，最终共得到 2 000 个样本。本研究在《白皮书》项目基础上进行深化，进一步筛选数据，将从未听说过 VR 概念的样本以及对生活形态各题评分完全相同的样本剔除，最后得到 1 557 个有效样本数据作为分析的最终数据。数据分析显示，在知晓人群中表示对 VR 感兴趣的占 98.7%，故将知晓 VR 概念但未体验过的受访者定义为"潜在用户"，知晓且体验过的定义为"现有用户"，这两类在本文中统称为"VR 用户"。

本研究对 VR 用户的分析分三个步骤：第一，对基于 China-Vals 模型的价值观和生活形态量表进行信度效度检验，并通过因子分析归纳出 VR 用户的若干个价值观和生活形态维度；第二，在因子分析的基础上运用聚类分析划分出若干类用户群体；第三，通过卡方检验、残差分析等手段，对 VR 用户在人口统计因素、体验因素和购买因素等方面的差异性进行探索，试图描绘出各类用户的人群画像和场景边界。具体研究框架如图 1 所示。

---

① 朱磊、邓之祺、钟肖辉：《中国 VR 营销生态白皮书（用户篇）》，第四届数字营销传播研究与应用国际研讨会，2016 年。

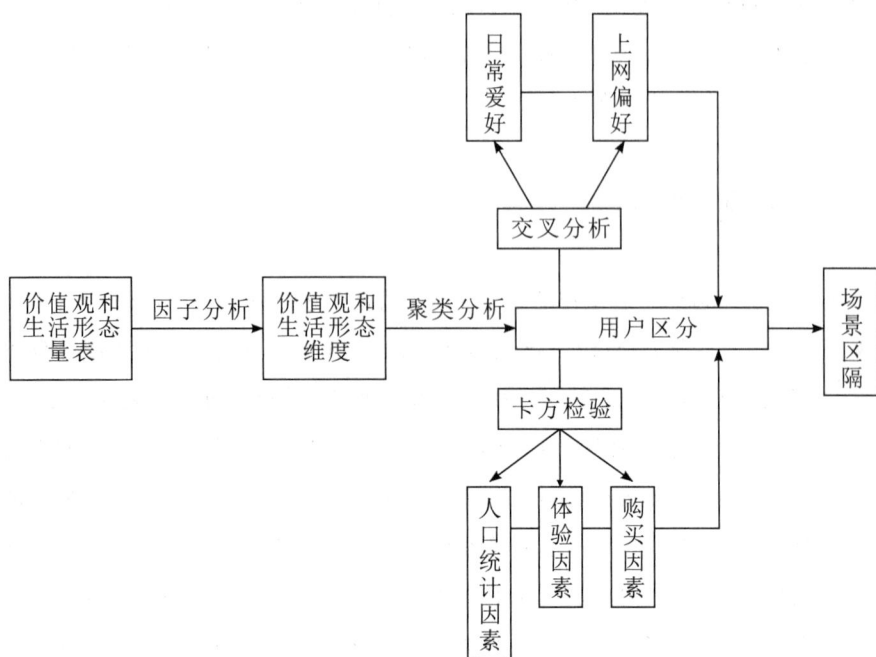

**图1　研究框架**

## 三、研究结果

### (一) 样本构成

如表1所示，在被调查的 VR 用户中，男性占44.7%，女性占55.3%；16~29岁占比最多，达39.9%，其次是30~39岁，占30.5%。51.0%的受访者为本科及以上学历，企业管理人员/普通职员、事业单位管理人员/普通职员、医生、教师、律师等专业人士以及自由职业者是主要的受访人群，占总体的81.8%。收入水平在2 000~9 999元的较多，占79.0%。

表1 VR用户样本构成

| | 属性 | 百分比（%） | | 属性 | 百分比（%） |
|---|---|---|---|---|---|
| 性别 | 男 | 44.7 | 学历 | 小学及以下 | 0.1 |
| | 女 | 55.3 | | 初中 | 2.3 |
| 年龄 | 16～29 岁 | 39.9 | | 高中 | 7.1 |
| | 30～39 岁 | 30.5 | | 中专/技校 | 10.0 |
| | 40～49 岁 | 24.5 | | 大专/高职 | 29.6 |
| | 50 岁及以上 | 5.1 | | 大学本科及以上 | 51.0 |
| 个人月收入 | 1 999 元及以下 | 5.8 | 职业 | 企业管理人员/普通职员 | 32.7 |
| | 2 000～4 999 元 | 42.7 | | 商业服务业人员 | 5.7 |
| | 5 000～9 999 元 | 36.3 | | 事业单位管理人员/普通职员 | 17.9 |
| | 10 000～14 999 元 | 9.1 | | 公务员 | 4.0 |
| | 15 000～19 999 元 | 3.6 | | 医生、教师、律师等专业人士 | 18.2 |
| | 20 000～24 999 元 | 1.3 | | 学生 | 7.1 |
| | 25 000～29 999 元 | 0.2 | | 自由职业者 | 13.0 |
| | 30 000 元及以上 | 1.0 | | 不工作/无工作/全职主妇/退休 | 1.4 |

**（二）因子分析及聚类分析**

为获取 VR 用户的价值观和生活形态维度，本文首先采用价值观和生活形态测量量表进行因子分析。该量表以吴垠根据中国消费者的生活形态研究构建的 China-Vals 量表[①]为基础，选取其中涵盖了消费者社会活动、价值观念等内容的 21 条测试语句，采用 5 分里克特（Likert）评价法，1 分表示根本不符合，5 分表示完全符合，请受访者根据自己的情况作出评价。

---

① 吴垠：《关于中国消费者分群范式（China-Vals）的研究》，《南开管理评论》2005 年第 2 期，第 9－15 页。

本研究采用的价值观与生活形态量表，其信度检验采用克朗巴哈信度系数（Cronbach's $\alpha$）估计方法，计算获得 21 个测量语句的克朗巴哈系数为 0.805，表明整个量表信度非常好。在量表的效度方面，运用未加权最小平方法对 21 个测量变量进行因子分析，结果显示 $KMO$ 值为 0.820，Bartlett 球形检验的 $p$ 值接近于 0。采用未加权最小平方法进行最大方差正交旋转后，剔除"工作只是为了谋生"等 6 条因子载荷较小的语句后，用同样的方法重新对 15 个测量语句进行因子分析，调整后量表克朗巴哈系数为 0.801，$KMO$ 值为 0.812，Bartlett 球形检验的 $p$ 值仍接近于 0，表明所采用的价值观量表适合作因子分析，具体如表 2 所示。

表 2　$KMO$ 与 Bartlett 球形检验

| $KMO$ 取样适切性量数 | | 0.812 |
|---|---|---|
| Bartlett 的球形度检验 | 近似卡方 | 5 682.931 |
| | df | 105 |
| | Sig. | 0.000 |

因子分析最终得到 5 个主因子，累计可解释总方差的 45.145%，根据因子载荷分析，分别对主因子进行命名，如表 3 所示。

表 3　VR 用户价值观和生活形态维度因子分析

| | | 第一因子 | 第二因子 | 第三因子 | 第四因子 | 第五因子 |
|---|---|---|---|---|---|---|
| 第一因子：<br>新潮消费<br>因子<br>$\alpha = 0.715$ | 有时我会买一些不需要的东西自娱 | 0.615 | 0.088 | 0.07 | − 0.063 | 0.046 |
| | 我经常会很冲动地做些事情 | 0.548 | 0.114 | 0.08 | − 0.203 | 0.022 |
| | 流行与实用之间我比较喜欢流行 | 0.512 | 0.308 | 0.136 | 0.229 | 0.05 |
| | 如果东西坏了，我会更换而不是修理 | 0.539 | 0.098 | 0.149 | 0.164 | − 0.022 |
| | 我往往是最早购买最新技术产品的人 | 0.535 | 0.072 | 0.226 | 0.404 | 0.053 |

（续上表）

| | | 第一因子 | 第二因子 | 第三因子 | 第四因子 | 第五因子 |
|---|---|---|---|---|---|---|
| 第二因子：浪漫成就因子 α = 0.734 | 我向往富足优越的生活方式 | 0.149 | 0.612 | 0.032 | 0.065 | 0.098 |
| | 我向往浪漫的生活 | 0.115 | 0.71 | 0.07 | 0.028 | 0.151 |
| | 我对我的成就寄予很大的期望 | 0.127 | 0.605 | 0.087 | 0.281 | 0.136 |
| | 我喜欢追求流行、时髦与新奇的东西 | 0.41 | 0.433 | 0.102 | 0.233 | 0.046 |
| 第三因子：广告意识因子 α = 0.732 | 广告是生活中必不可少的东西 | 0.178 | 0.081 | 0.736 | 0.133 | 0.078 |
| | 我很注意街上的广告 | 0.208 | 0.09 | 0.688 | 0.164 | 0.067 |
| 第四因子：理性果断因子 α = 0.588 | 我做事一向都有计划 | − 0.041 | 0.152 | 0.101 | 0.523 | 0.175 |
| | 我做事一向果断，不会犹豫不决 | 0.082 | 0.127 | 0.148 | 0.59 | 0.103 |
| 第五因子：家庭意识因子 α = 0.644 | 我喜欢花时间与家人待在一起 | 0.014 | 0.152 | 0.074 | 0.136 | 0.71 |
| | 对我来说，家庭比事业更重要 | 0.048 | 0.128 | 0.048 | 0.112 | 0.609 |
| 因子贡献 | | 1.823 | 1.656 | 1.182 | 1.124 | 0.987 |
| 因子贡献率（%） | | 12.152 | 11.041 | 7.879 | 7.492 | 6.582 |
| 累计因子贡献率（%） | | 12.152 | 23.193 | 31.072 | 38.564 | 45.145 |

注：提取方法为未加权最小平方法。旋转方法为具有 Kaiser 正规化的最大变异法，旋转在6迭代中收敛循环。

物以类聚，人以群分。如上所述，我们根据因子分析结果，得出五大价值观和生活形态维度之后，进一步运用 K-Means 均值聚类法对 VR 用户进行了类型区分，通过反复迭代测试发现，将 VR 用户聚为四类时效果最为理想。我们根据每类用户的各项因子得分，对各类用户进行特征分析并命名（见表4）：

表4　最终聚类中心

| 聚类组 | 因子名称 | | | | | 样本量 | 百分比（%） |
|---|---|---|---|---|---|---|---|
| | 新潮消费因子 | 浪漫成就因子 | 广告意识因子 | 理性果断因子 | 家庭意识因子 | | |
| 新潮消费型 | 0.586 11 | 0.440 76 | 0.508 00 | 0.348 34 | 0.222 21 | 523 | 33.6 |
| 自我随性型 | 0.069 18 | -0.574 82 | -0.055 02 | -0.230 45 | -0.967 97 | 330 | 21.2 |
| 居家稳定型 | -0.596 26 | -0.641 82 | 0.154 10 | -0.067 18 | 0.502 13 | 367 | 23.6 |
| 浪漫成就型 | -0.328 99 | 0.579 53 | -0.905 00 | -0.242 49 | 0.056 34 | 336 | 21.6 |

第一类人群占总体的33.6%，新潮消费因子得分最高，其次是广告意识因子，故命名为"新潮消费型"；

第二类人群占总体的21.2%，除新潮消费因子外，该类人群其他因子载荷均为负数，且家庭意识因子分值最低，故将此类命名为"自我随性型"；

第三类人群占总体的23.6%，家庭意识因子得分最高，浪漫成就因子为负数，得分非常低，故命名为"居家稳定型"；

第四类人群占总体的21.6%，浪漫成就因子得分较高，广告意识因子为负数，得分最低，将其命名为"浪漫成就型"。

## （三）卡方检验

性别、年龄、职业等传统的人口统计变量一直占据着用户研究的中心位置，并作为区分用户阶层、划分场景边界的基本依据。事实上，在传统的消费场景中，人口统计变量仍然发挥着极其重要的作用。在本研究中，我们的问题是：在 VR 场景中，体现用户所处阶层的传统人口统计因素是否仍然与 VR 用户的生活形态和价值观显著关联？不同价值观和生活形态的用户在体验次数、体验动机等体验因素和购买意愿、预购机型等购买因素方面是否存在差异？

本研究通过卡方检验（Chi-Square）发现：在 $\alpha = 0.05$ 的水平上，4 种类型的 VR 用户之间，性别、年龄、个人月收入、居住城市、文化程度和职业 6 个方面的特征均无显著差异；而在 $\alpha = 0.1$ 的水平上，仅有个人月收入表现出显著差异（见表 5）。

表 5　VR 用户人口统计学特征与用户类型交叉列联表分析结果

| | | 新潮消费型（%） | 自我随性型（%） | 居家稳定型（%） | 浪漫成就型（%） | $\chi^2$ | df | $p$ |
|---|---|---|---|---|---|---|---|---|
| 性别 | 男 | 35.5 | 20.7 | 22.0 | 21.8 | 2.887 | 3 | 0.409 |
| | 女 | 32.1 | 21.6 | 24.9 | 21.4 | | | |
| 年龄 | 16~29 岁 | 31.2 | 21.7 | 25.4 | 21.6 | 6.219 | 9 | 0.718 |
| | 30~39 岁 | 34.3 | 22.5 | 22.3 | 20.8 | | | |
| | 40~49 岁 | 36.7 | 19.4 | 21.5 | 22.3 | | | |
| | 50 岁及以上 | 32.9 | 17.7 | 26.6 | 22.8 | | | |
| 个人月收入 | 1 999 元及以下 | 38.5 | 25.3 | 27.5 | 8.8 | 32.461 | 21 | 0.053* |
| | 2 000~4 999 元 | 32.4 | 20.5 | 22.7 | 24.4 | | | |
| | 5 000~9 999 元 | 33.3 | 22.8 | 23.9 | 20.0 | | | |
| | 10 000~14 999 元 | 33.3 | 20.6 | 28.4 | 17.7 | | | |
| | 15 000~19 999 元 | 35.7 | 14.3 | 17.9 | 32.1 | | | |
| | 20 000~24 999 元 | 45.0 | 10.0 | 15.0 | 30.0 | | | |
| | 25 000~29 999 元 | — | — | 33.3 | 66.7 | | | |
| | 30 000 元及以上 | 56.3 | 18.8 | 12.5 | 12.5 | | | |

（续上表）

| | | 新潮消费型（％） | 自我随性型（％） | 居家稳定型（％） | 浪漫成就型（％） | $\chi^2$ | df | p |
|---|---|---|---|---|---|---|---|---|
| 居住城市 | 北京 | 31.7 | 19.2 | 28.7 | 20.4 | 18.398 | 27 | 0.891 |
| | 上海 | 32.0 | 16.3 | 28.1 | 23.5 | | | |
| | 广州 | 35.0 | 23.9 | 19.0 | 22.1 | | | |
| | 杭州 | 37.3 | 19.0 | 24.8 | 19.0 | | | |
| | 武汉 | 35.5 | 22.5 | 21.0 | 21.0 | | | |
| | 成都 | 36.5 | 18.2 | 25.2 | 20.1 | | | |
| | 深圳 | 32.3 | 20.5 | 21.7 | 25.5 | | | |
| | 沈阳 | 32.7 | 26.3 | 19.2 | 21.8 | | | |
| | 西安 | 32.7 | 24.8 | 21.6 | 20.9 | | | |
| | 苏州 | 30.7 | 21.6 | 26.1 | 21.6 | | | |
| 文化程度 | 小学及以下 | 100.0 | — | — | — | 11.555 | 15 | 0.712 |
| | 初中 | 30.6 | 25.0 | 27.8 | 16.7 | | | |
| | 高中 | 40.0 | 20.0 | 18.2 | 21.8 | | | |
| | 中专/技校 | 34.0 | 21.8 | 20.5 | 23.7 | | | |
| | 大专/高职 | 31.7 | 24.1 | 24.3 | 19.8 | | | |
| | 大学本科及以上 | 33.8 | 19.4 | 24.3 | 22.4 | | | |

（续上表）

| | | 新潮消费型（%） | 自我随性型（%） | 居家稳定型（%） | 浪漫成就型（%） | $\chi^2$ | df | $p$ |
|---|---|---|---|---|---|---|---|---|
| 职业 | 企业管理人员/普通职员 | 33.7 | 21.5 | 22.9 | 21.9 | 19.809 | 24 | 0.708 |
| | 商业服务业人员 | 36.4 | 19.3 | 22.7 | 21.6 | | | |
| | 事业单位管理人员/普通职员 | 36.4 | 19.3 | 22.9 | 21.5 | | | |
| | 公务员 | 36.1 | 23.0 | 19.7 | 21.3 | | | |
| | 医生、教师、律师等专业人士 | 30.7 | 20.7 | 22.5 | 26.1 | | | |
| | 学生 | 32.1 | 23.9 | 25.7 | 18.3 | | | |
| | 自由职业者 | 29.1 | 23.6 | 27.1 | 20.1 | | | |
| | 不工作/无工作/全职主妇/退休 | 52.4 | 14.3 | 28.6 | 4.8 | | | |
| 样本占比（%） | | 33.6 | 21.2 | 23.6 | 21.6 | | | |

注：*表示 $p \leq 0.1$。本表采用行百分比，因四舍五入的关系横向合计不一定等于100%。

通过卡方检验，对不同价值观和生活形态的 VR 用户类型在体验因素和购买因素方面的差异进行分析。由表6可看出，不同价值观和生活形态人群在体验经历、体验动机、体验次数、体验伴侣等体验因素以及购买意愿、预购设备、购买预算等购买因素方面都呈现出显著差异。

表6 VR用户体验因素、购买因素与用户类型交叉列联表分析结果

| | 指标 | 新潮消费型(%) | 自我随性型(%) | 居家稳定型(%) | 浪漫成就型(%) | $\chi^2$ | $df$ | $p$ |
|---|---|---|---|---|---|---|---|---|
| 体验因素 | 体验经历 是 | 39.7 | 21.3 | 20.2 | 18.8 | 34.346 | 3 | 0.000*** |
| | 体验经历 否 | 26.7 | 21.1 | 27.4 | 24.8 | | | |
| | 体验动机 满足好奇心 | 39.9 | 19.2 | 22.1 | 18.8 | 27.551 | 12 | 0.006*** |
| | 体验动机 体验新科技 | 42.2 | 18.5 | 20.4 | 18.9 | | | |
| | 体验动机 追逐潮流 | 26.6 | 42.2 | 12.5 | 18.8 | | | |
| | 体验动机 特定场景需要 | 35.0 | 25.0 | 23.3 | 16.7 | | | |
| | 体验动机 购买前试用 | 25.0 | 50.0 | — | 25.0 | | | |
| | 体验次数 1次 | 29.9 | 21.5 | 25.7 | 22.9 | 20.455 | 9 | 0.015** |
| | 体验次数 2~5次 | 39.3 | 24.0 | 19.8 | 16.9 | | | |
| | 体验次数 6~9次 | 43.4 | 18.2 | 18.2 | 20.2 | | | |
| | 体验次数 10次及以上 | 52.5 | 11.1 | 16.2 | 20.2 | | | |
| | 体验伴侣 亲朋好友 | 37.0 | 20.5 | 21.6 | 20.9 | 31.16 | 12 | 0.002*** |
| | 体验伴侣 情侣配偶 | 44.8 | 19.8 | 17.3 | 18.2 | | | |
| | 体验伴侣 独自一人 | 32.3 | 33.9 | 19.4 | 14.5 | | | |
| | 体验伴侣 专业人士 | 20.0 | 22.0 | 40.0 | 18.0 | | | |

（续上表）

| | 指标 | | 新潮消费型(%) | 自我随性型(%) | 居家稳定型(%) | 浪漫成就型(%) | $\chi^2$ | df | p |
|---|---|---|---|---|---|---|---|---|---|
| 购买因素 | 购买意愿 | 有打算 | 45.6 | 18.2 | 19.8 | 16.4 | 88.973 | 6 | 0.000*** |
| | | 视情况而定 | 24.8 | 23.7 | 25.5 | 25.9 | | | |
| | | 没有打算 | 13.6 | 20.5 | 45.5 | 20.5 | | | |
| | 预购设备 | 外接式头戴设备 | 40.2 | 20.6 | 19.8 | 19.4 | 23.432 | 6 | 0.001*** |
| | | 一体式头戴设备 | 33.4 | 23.4 | 24.0 | 19.2 | | | |
| | | 便携式眼镜盒子 | 28.7 | 19.4 | 25.1 | 26.8 | | | |
| | 购买预算 | 0～79元 | 26.7 | 30.0 | 20.0 | 23.3 | 66.432 | 15 | 0.000*** |
| | | 80～199元 | 15.9 | 32.5 | 25.2 | 26.5 | | | |
| | | 200～399元 | 31.4 | 26.4 | 20.8 | 21.4 | | | |
| | | 400～899元 | 31.8 | 19.2 | 27.3 | 21.6 | | | |
| | | 900～1 999元 | 40.7 | 18.5 | 21.9 | 18.8 | | | |
| | | 2 000元及以上 | 47.3 | 11.3 | 17.7 | 23.7 | | | |
| | 样本占比 | | 33.6 | 21.2 | 23.6 | 21.6 | | | |

注：***表示 p≤0.01，**表示 p≤0.05。

## （四）用户区分

以上，通过因子分析和聚类分析，笔者划分出 5 种 VR 用户价值和生活形态维度，以及 4 种 VR 用户类型，但凭此仍然不能真正触及 VR 用户的本质。笔者认为，真正的用户区分，不仅仅是用户价值和生活形态的区分，还包括用户所处语境的区隔。只有还原出用户体验 VR 时的场景，才有可能真正地接近 VR 用户的本质特征。

场景这一概念起源于戏剧，后使用范围逐渐扩展至社会学、传播学等各个领域，构成要素也随着媒介技术的发展不断丰富。各时代各领域的学者对场景概念的解读的核心由以地理媒介为中心，向以用户为中心和以关系为中心的方向发展。笔者认为，场景是时、空、人、物以及价值观之间共同关联、相互作用的结果。如果说，时、空、人、物构成了场景的基本要素，那么"价值"和"关系"则构成了场景的高级要素。因此在这一部分，笔者在前文基础上通过对不同价值观和生活形态类型 VR 用户的使用行为、使用动机、使用需求等方面进行详细分析，勾勒出 VR 用户和产品、价值之间，以及用户之间的关系图谱，以此进一步还原出 VR 用户场景类型。

第一类是"新潮消费型"：有冲动消费的倾向，会买一些不需要的东西自娱，往往是最早购买体验高新技术产品的人，广告媒介意识强。该类型男性比女性稍多。在收入水平方面，主要分布于高收入人群，值得注意的是月收入 1 999 元及以下分布也较多（可能是一些追求新科技的学生群体）。在体验因素方面，绝大多数体验过 VR 且次数集中在 10 次及以上，属于主动式体验，目的在于体验新科技，希望和情侣配偶一同体验。在购买因素方面，多数有购买 VR 设备的打算，偏好外接式头戴设备，购买预算在高价位段（900 元及以上）的居多，希望能充分享受最新的科技特性。

第二类是"自我随性型"：自我意识强，重视个人发展。该类型女性比男性稍多，收入水平较集中在 14 999 元及以下。在体验因素方面，多数体验过 VR，体验次数集中在 2 ~ 5 次，属于被动式体验，体验动机主要是为了追逐潮流，希望独自一人或和专业人士一同体验。在购买因素方面，购买意愿视情况而定，偏好一体式头戴设备，购买预算在低价位段（199 元及以下）的相对多，尝鲜意味较强。

第三类是"居家稳定型"：家庭意识强，喜欢和家人在一起，认为家庭比事业更重要。该类型女性比男性稍多，中高收入及以上相对较多（月收入大于15 000 元）。在体验因素方面，多数没有体验过 VR，往往是在特定场景（如参观展览）需要的时候使用 VR，属于被动体验，希望和专业人士一起体验。在购买因素方面，没有明确的购买意愿，偏好便携式眼镜盒子，购买预算区间为 80 ~ 199 元。

第四类是"浪漫成就型"：憧憬浪漫优越的生活，对自己的成就寄予很大期望。该类型男性比女性稍多，收入水平处于 2 000 ~ 4 999 元这一区间。在体验因素方面，该群体体验次数较为分散，体验过 1 次的稍多，体验目的不甚明确，希望和亲朋好友一起体验 VR。购买意愿视情况而定，偏爱便携式眼镜盒子，购买预算区间为 80 ~ 199 元。

## 四、结语

从岩洞壁画到柏拉图关于洞穴人的哲学比喻，从超越物理空间界限的电子信号到移动互联网时代指尖上的场景融合，直至近年来以 VR 为代表的 HMD（head mount display，头戴式可视设备）带来的全新视听体验。无论是虚拟还是现实，它们的边界都在不断被突破，媒介场景在形塑用户生活形态和价值观的同时，不同类型的用户也在建构着属于自己的场景。这些用户通过向心与离心、附聚与消散、同化与分化等近乎游戏的方式相互作用、相互关联。他们不断地重新定义场景，也在重新定义自身。正如布尔迪厄所言："一个场域不是死的结构，不是空的场所，而是游戏空间，那些相信并追求其所能提供奖励的个体参加了这种游戏，所以，完整的场域理论要求社会个体的理论。"[1] 并且，随着用户自主性的增强，这种建构的力量愈发显著，广告主对用户的争夺将转变为对场景的争夺。

本文从用户出发，将生活形态和价值观这一用户内在特质作为切入点，通过因子分析、聚类分析，划分出"新潮消费型""自我随性型""居家稳定型""浪漫成就型"四类用户群体，通过卡方检验发现年龄、性别、个人月收入等人口统计因素不再是区分用户的主要因素，不同群体在体验经历、体验动机、

---

① BOURDIEU P, WACQUANT L J D. An invitation to reflexive sociology. Chicago：The University of Chicago Press，1992：96.

体验次数、体验伴侣等体验因素和购买意愿、预购设备、购买预算等购买因素方面则呈现出显著差异。用户对 VR 社交功能期待较高，且不同群体的需求有所差异。

基于用户的研究视角给我们带来两点启示。其一，从 VR 场景中的用户群体划分可以发现，传统的市场细分方式在 VR 市场中式微，一种新的连接正在看似碎片化的市场中生成，重塑着市场边界。我们既不能纯粹地运用人口统计因素划分当下的用户，也不能将体验、购买或其他因素作为独立的标签，而应该进入到这些因素的关系之中。在场景的背景下探索关系背后的角力会发现，浸淫在媒介场景中的个体，已经从最初单向接收的"受众"转变为参与建构新场景的"用户"。媒介长期以来对用户认知和行为产生的影响力开始释放，价值观和生活形态所体现的"习性"开始发挥"具有结构能力的结构功能"，正是这股力量驱使着用户的个人轨迹逐渐与传统认知上以年龄、性别为主要特征的集体轨迹分离，逐渐形成新的群体。其二，从用户对 VR 应用场景的需求来看，除了硬件设备的舒适度、沉浸感、性价比这些硬性条件以外，对体验伴侣的诉求所反映的感性社交需求亟待重视。不同用户群体各自期待的体验伴侣有所差距，这种差异的存在既是一直以来媒介场景浸淫之下的一个结果，同时也是下一个新场景建构的基础。因此，VR 营销应该从基于技术、平台、内容的差异化转向基于用户群场景区隔的差异化，充分重视并发挥用户和场景的自主性特征。

本研究基于用户数据尝试对 VR 用户这一新课题进行探索，虽然只是 VR 研究中的一个横断面，但未来的图景往往是在讨论中逐渐成形的。换而言之，只有当我们不断地深入探讨 VR 的本质特征，VR 对社会、经济、文化的作用才有可能得到最大化发挥。值得注意的是，本研究所使用的价值观和生活形态量表并非专为 VR 用户研究定制，因此不可避免地具有一定的滞后性，我们在基于用户需求进行营销实践时，需要将这方面的局限性加以充分考量。

[原文刊载于《中国媒体发展研究报告》（2015 年年刊）。作者：朱磊、邓之祺。有改动]

# 社交媒体中广播"多核邀约"模式初探

## ——基于社会网络分析

### 一、研究背景与目的

随着现代科技的发展，新技术不断应用于媒体领域，开创了一些新的媒介形式，同时，传统媒体也积极参与到新技术的探索和应用之中，媒介之间不断融合，媒体融合时代迎面而来。广播作为四大传统媒体之一，积极适应媒体技术的发展，将新媒体技术和新媒体平台为我所用，在媒体融合的时代背景下不断拓展传播力。本文将着重于探讨广播与微博融合中广播微博平台影响力提升模式——"多核邀约"模式。

媒体融合的实质是传统媒体和新媒体的交互整合和共同发展。在媒体融合背景下，广播作为传统媒体，与新媒体的相互融合和共同发展是必要之举。随着 SNS（社交网络服务）网站、微博等社交媒体的兴起和盛行，广播积极探索和社交媒体融合共赢的道路。广播电台、广播频道和优秀广播栏目等纷纷开设官方微博主页，新浪微博、腾讯微博等推出微博在线收听广播应用等，广播和微博的融合不断深入发展。

微博，即微型博客（micro-blogging），是基于有线和无线互联网终端发布精短信息供其他网友共享的即时信息网络，由于用户每次用于更新的信息通常限定于 140 个字符以内，故此得名。① 微博创始于美国，最早的微博网站是 2006 年 7 月面向公众开放的 Twitter（推特）。微博的影响力不可低估，新浪执行副总裁、总编辑陈彤在《微博力》推荐序《微博：推动互联网信息传播革命》中写道："其（微博力）力不仅在于微博对人们生活交流的改变，也在于对新的企业营销理念的渗透。微博可能是一款从根本上改变人们传递、获取信息和沟通

---

① 喻国明等：《微博：一种新传播形态的考察——影响力模型和社会性应用》，北京：人民日报出版社，2011 年，第 1 页。

方式的互联网产品。"

　　本文将着重于研究广播媒体如何利用微博扩大影响力，即广播媒体微博平台影响力提升模式。根据目前中国微博市场的竞争格局和发展概况，笔者选用中国之声新浪微博平台影响力作为研究对象，主要采用社会网络分析方法。社会网络分析是一套用来分析多个个体通过相互联系构成的网络的结构、性质以及其他用于描述这个网络的属性的分析方法，它强调从关系或者结构的角度把握研究对象，注重个体间的关系。简单地说，社会网络分析就是对网络中行动者间的关系进行量化研究。①

## 二、广播微博影响力

　　媒体融合时代，媒体应该保持其自身特性，在坚持媒体特有属性的基础上，谋求全面化之路，避免出现舍本逐末、买椟还珠的情况。

### （一）从传播主体和路径多元化看广播微博影响力

广播媒体的传播经历了从传播主体和路径的单一化到多元化的进程。

广播创立之初，传播主体和传播路径是唯一的，广播节目是唯一的传播主体，而收音机则是唯一的传播途径（见图1）。

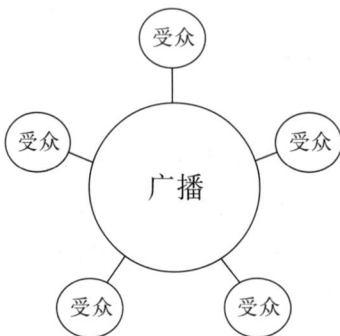

图1　传播主体单一化　　　　图2　传播主体多元化

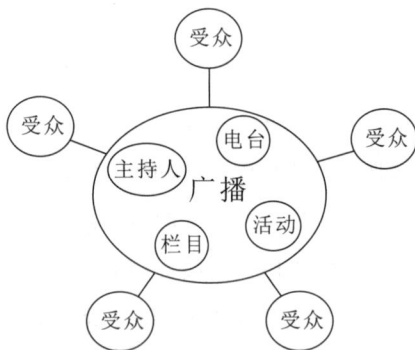

---

　　① 赵丽娟：《社会网络分析的基本理论方法及其在情报学中的应用》，《图书馆学研究》2011年第20期；引自韩真：《基于共词分析的主题类型划分方法比较研究》，《图书馆》2009年第2期，第46－48页。

随着科技的发展，广播的传播主体和路径开始朝多元化方向发展，广播节目、有个性特色的节目主持人、个性化发展的广播电台等均成为传播主体（见图2），收音机、车载收音机、公共交通广播、网络广播、手机广播等均为广播传播路径。这一时期，广播路径多元化的优势显现出来，为广播赢得了新的发展机会。但广播主体的多元化依然表现得不甚明显，不管是广播节目，还是有个性化的广播电台都是通过广播节目与受众接触。

随着广播媒体进驻微博，广播多元化的主体由潜在转化为了显在，广播用户可以跳过广播节目直接关注自己喜欢的广播节目主持人、广播电台，甚至是广播电台主办的活动及微博上任何其他的广播产品。而微博再次拓展了广播路径，各大微博网站纷纷设立微博在线电台收听的应用等，成为广播传播的新路径。

## （二）从广播与用户关系模式的演化看广播微博平台影响力

### 1. 刺激模式

刺激模式（见图3）是指广播和用户之间是单向传播的关系，广播按照自身意愿安排播出时间和播出内容，与用户之间很少或不存在互动。在刺激模式下，用户仅仅是听众，纯粹是收听广播，对广播媒体几乎不或没有产生影响。

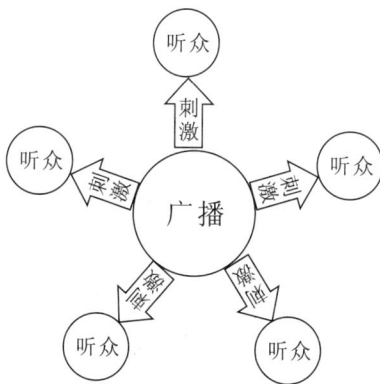

**图3　广播和用户刺激关系模式**

广播自诞生之日起，在很长一段时间里，听众与广播之间的互动主要通过书信往来，互动频率和互动效率低，一直是单向刺激传播模式。广播电台播报新闻和策划广播节目主要由电台自主进行，听众处在被动的接收地位，只能根据电台的播出内容，作出听或不听的决定。

2. 沟通模式

沟通模式（见图4）是指广播和用户之间是双向传播的关系，广播和用户之间存在良性互动，且广播用户对电台具有一定影响力，即广播用户的意见开始介入到广播形式、广播节目策划和广播活动等之中。在沟通模式下，广播用户不再是传统意义上的听众，而成为与广播电台存在互动的受众。

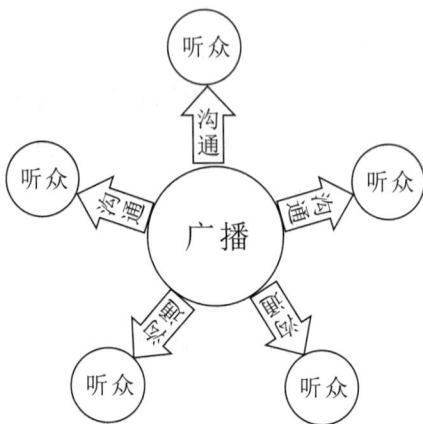

**图4　广播和用户沟通关系模式**

我国广播电台从开始创立到20世纪80年代，广播和用户的关系一直是单向刺激的传播模式，直到"珠江模式"出现。"珠江模式"开创了直播节目、版块构架、主持人主持、听众热线电话等广播形式和内容的变革。"珠江模式"的本质是强调受众是主人，广播电台要平等地与之交流、为其服务。①"珠江模式"下，广播电台开始重视听众热线和广播用户的意见和建议，开始良性互动沟通，广播电台和用户进入沟通模式，并在探索中发展。

随着网络技术的发展和中国网络用户的迅猛增长，广播媒体开始探索与网络媒体的融合发展。在广播与网络的融合过程中，广播和用户之间的沟通互动模式得到了更深层次的实现和挖掘。网络广播以交互式传播和异步主动式传播为特点，增强了广播用户的自主性和互动性。网络广播从根本上改变了广播线性的缺陷，可以开辟有关节目的"电子公告牌"、论坛等栏目，由主持人或者有见地的听众做版主，这都为听众和主持人以至节目的所有编播人员充分交流看法提供了平台。在这里，媒介的从业人员和受众可以实现一对一交流，传者

---

① 梁巾声编著：《现代广播学》，广州：暨南大学出版社，1999年，第35-36页。

和受者的界限越来越模糊，双方处于平等沟通的传播之中。①

3. 邀约模式

邀约模式（见图5）指在广播和用户的关系中，用户处于主体地位，广播媒体通过主动和用户建立关系以促进自身发展。在邀约模式下，广播用户不再停留在听众或受众的层面，而成为与广播全面相关的使用者。广播用户通过对广播产品的使用，对广播媒体产生影响；而广播媒体则借由各种广播产品邀约用户参与，以维系双方的关系，增加用户忠诚度。

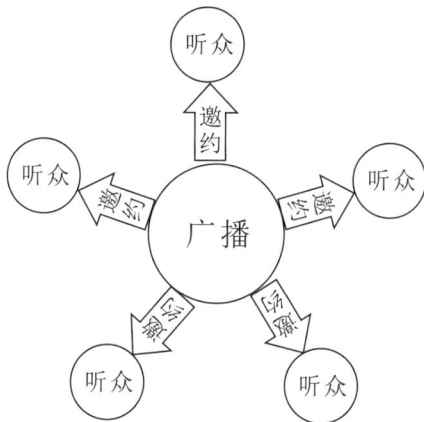

**图5　广播和用户邀约关系模式**

邀约一词来源于英语 engagement，原意为订婚、婚约、约会、诺言、保证等，笔者将其译为邀约，旨在表明媒体主动而友好地向用户发出邀请，以和用户建立长期且良好的关系。笔者认为邀约可以适用于任何媒体，是媒体发展的一种趋势，广播媒体也不例外。随着新媒体的迅猛发展和受众碎片化时代的到来，媒体用户等多受到来自外界的诱惑和刺激，忠诚度下降，媒体和受众之间长期稳定的关系不易保持，因此笔者认为媒体必须主动向受众发起邀约，以维系与老用户的关系并增加新用户。

广播媒体和微博的融合将广播和用户之间的关系又向前推进了一步，形成了广播媒体和用户之间的邀约关系。微博，作为一种自媒体，本身具有强大的邀约功能，如通过"@"链接关注用户、通过"#"发表共同话题、热门话题

---

① 潘力、董晓平：《现代传播新技术与广播发展》，北京：中国传媒大学出版社，2006年，第80－87页。

推荐、周边用户推荐、热门用户推荐、赢取微勋章等方式，主动邀约用户参与到更深层次的微博使用之中，增加用户的活跃性和忠诚度。广播和微博的融合充分利用微博的邀约功能，加深与粉丝之间的关系和相互间的依赖性，以建立一种长期的友好关系，让广播用户和广播电台之间建立起一种契约关系，提高忠诚度。

另外，新浪微博应用"微电台"和腾讯微博应用"广播电台"等应用插件，也可以实现微博用户在线收听传统广播节目，并进行实时互动。通过点歌台、微投票、微活动等，广播电台可以直接获得用户的喜好；通过及时收集和分析微博用户的反馈，广播电台也可以第一时间对节目内容作出调整，增加用户好感，从而加深广播媒体和用户之间的羁绊。

广播和微博融合背景下，广播和用户关系的邀约模式是提升广播微博平台影响力的重要因素之一。但并不表示邀约模式仅仅局限于广播和微博的融合，笔者认为邀约是媒体发展的方向，广播也不例外。广播媒体和用户关系的邀约模式还期待得到更深层次的挖掘和发展。

广播全媒体平台和用户之间的关系经历了刺激、沟通和邀约三种模式，三种模式并不是相互孤立的，而是后者包含前者。模式的发展加深了与用户之间的关系，提升了广播媒体的影响力。

## 三、广播微博影响力社会网络分析

在邀约模式下，广播电台主页、广播频道、广播电台主持人、微电台和众多关注者组成的网络，通过节点之间构成的关系网络的相互嵌套和关联拓展广播微博平台影响力。笔者运用社会网络分析方法，对新浪微博用户的中央广播电视总台中国之声微博平台影响力进行了分析研究。

### （一）研究方法及步骤简述

笔者通过考察众多广播频道微博用户的微博平台影响力发现，中央广播电视总台中国之声影响力最大。截至 2011 年 11 月 19 日，中央广播电视总台中国之声微博共拥有粉丝量 1 543 649 个，居各电台频道之首，微博关注量 217 个，共发表微博 11 201 条。因此，选用中国之声广播微博平台影响力作为研究对象。

　　笔者收集广播媒体对微博应用情况的相关资料后发现，广播电台、广播电台频道、电台知名栏目和电台主持人均有拥有身份认证的用户。于是为了更好地考察广播频道的影响力，将1个广播电台微博主页、10名拥有身份认证的电台主持人和22名粉丝作为广播微博平台影响力研究样本。

　　10名拥有身份认证的电台主持人作为样本构成之一，为该电台频道微电台主页的前十名电台主持人。

　　样本构成之二为广播电台微博主页的粉丝和电台主持人的粉丝。考虑到粉丝选取的质量问题，在选取粉丝时设定如下标准：一是在研究近期对其关注主页留过言，证明该粉丝为其关注主页中具有一定忠诚度的粉丝；二是粉丝本身的发微博量在100条以上，证明该粉丝是新浪微博的活跃粉丝；三是在甄选过程中，排除未纳入样本的电台其他认证主持人。抽取具体方法为进入电台和电台主持人微博主页，在其最新发布的微博评论中按照从上至下的方式抽取符合甄别条件的粉丝。粉丝样本抽取量为电台和电台主持人的粉丝各2名，共22名。由此，获得所有样本，如表1所示。

表1　样本构成列表（$n = 32$）

| 序号 | 代号 | 微博主页注册名 | 样本类型 |
| --- | --- | --- | --- |
| 1 | 中国之声 | 中国之声 | 电台频道 |
| 2 | 于芳 | 中国之声于芳 | 电台主持人 |
| 3 | 子文 | 中国之声子文 | 电台主持人 |
| 4 | 胡凡 | 王小贱和黄小仙的同居时代 | 电台主持人 |
| 5 | 青音 | 青音 | 电台主持人 |
| 6 | 苏扬 | 中国之声苏扬 | 电台主持人 |
| 7 | 雨亭 | 中国之声雨亭 | 电台主持人 |
| 8 | 杨昶 | 中国之声杨昶 | 电台主持人 |
| 9 | 向菲 | 中国之声向菲 | 电台主持人 |
| 10 | 春天姐姐 | 春天姐姐 | 电台主持人 |
| 11 | 嘉锋 | 嘉锋 | 电台主持人 |
| 12 | F1 | 葫芦哥哥哥 | 粉丝 |
| 13 | F2 | 吴林非 | 粉丝 |

（续上表）

| 序号 | 代号 | 微博主页注册名 | 样本类型 |
|------|------|--------------|---------|
| 14 | F3 | 夏眠的大黑虫 | 粉丝 |
| 15 | F4 | 从善如攀 | 粉丝 |
| 16 | F5 | 独步浆糊 | 粉丝 |
| 17 | F6 | Gogoliu | 粉丝 |
| 18 | F7 | 上善若水的人生 | 粉丝 |
| 19 | F8 | 冷暖自知_公子BD | 粉丝 |
| 20 | F9 | summerrainmm | 粉丝 |
| 21 | F10 | 蓝墨1993 | 粉丝 |
| 22 | F11 | 颜若初茴 | 粉丝 |
| 23 | F12 | 夏东徽 | 粉丝 |
| 24 | F13 | 黎雪小不点 | 粉丝 |
| 25 | F14 | 小董仔 | 粉丝 |
| 26 | F15 | 开心乐园– | 粉丝 |
| 27 | F16 | Miss 芥小沫 | 粉丝 |
| 28 | F17 | 鬼小鬼乃家阳妈 | 粉丝 |
| 29 | F18 | 广播友人 | 粉丝 |
| 30 | F19 | 筷意刀客 | 粉丝 |
| 31 | F20 | 同气连枝 | 粉丝 |
| 32 | F21 | 竹苑新雨 | 粉丝 |
| 33 | F22 | 青春小末女 | 粉丝 |

　　样本抽取完成之后，开始社会网络分析的原始数据收集工作。在具体收集工作中，对33个样本构成单位分别进行考察，如果其他32个关注了它则记为1，若未关注则记为0。该样本对其本身的关注情况记为0。根据广播微博平台影响力样本主页相互关注情况，构建出32×32矩阵（片段），如表2所示。

表2 中国之声广播微博平台影响力关注情况 32×32 矩阵（片段）

| | 中国之声 | 于芳 | 子文 | 胡凡 | 青音 | 苏扬 | 雨亭 | 杨昶 |
|---|---|---|---|---|---|---|---|---|
| 中国之声 | 0 | 1 | 1 | 1 | 1 | 1 | 1 | 1 |
| 于芳 | 1 | 0 | 1 | 0 | 0 | 0 | 1 | 0 |
| 子文 | 1 | 1 | 0 | 1 | 1 | 1 | 1 | 1 |
| 胡凡 | 1 | 0 | 1 | 0 | 0 | 1 | 1 | 1 |
| 青音 | 1 | 0 | 1 | 1 | 0 | 1 | 1 | 1 |
| 苏扬 | 1 | 1 | 1 | 1 | 1 | 0 | 0 | 1 |
| 雨亭 | 1 | 1 | 1 | 1 | 1 | 1 | 0 | 1 |
| 杨昶 | 1 | 1 | 1 | 1 | 1 | 0 | 1 | 0 |

**（二）广播微博平台影响力多核模型**

一般而言，社会网络分析的基本内容包括社会网络的数学表达形式、中心度分析、子群分析和位置与角色分析。笔者将围绕这四个方面，分别从社会网络数学表达形式、中心性和中介性、小团体分析以及核心—边缘结构等四个方面验证广播微博平台影响力多核模型。

1. 广播微博平台影响力多核模型社会网络数学表达形式分析

社会网络数学表达形式，主要是用图论或者矩阵表达社会行动者之间的关系，如在本文的研究中，与广播相关的不同微博之间的关注关系，就可以用矩阵或图论进行表示。

上文中已根据微博博主之间的关注关系，构建了 32×32 矩阵（片段）。从表2 中可以清楚地看出每一个样本之间的关注关系，其中，横行表示该样本节点对其他节点的关注情况。纵行表示该样本节点的被关注情况，即粉丝拥有情况。以中国之声为例，在列出的8个样本中，中国之声关注了其他所有的样本，而且也得到其他所有样本的关注。这表明，中国之声在这8个样本构成的网络中，与其他样本均存在联系，处于网络核心位置。再以主持人于芳为例，于芳关注了中国之声、子文和雨亭，同时得到中国之声、子文、苏扬、雨亭和杨昶的关注。相较而言，于芳在这个网络中处于较为边缘的位置，因为其在这8个样本中仅能获得3个样本的信息，也就是仅能被这3个样本影响，而且有5个样本可以获得它发出的信息，也就是它的直接影响力只能到达 5 个样本。其余样本依此类推。

另外，笔者利用社会网络分析软件 Ucinet 6.0 中自带的 Netdraw 绘图工具，画出了 33 个样本的社会网络分析图。社会网络分析中，将每个节点关注或被关注 1 次称为 1 度（degree），节点的度数越高，说明该节点在整个网络中和其他节点的联系越紧密（见图 6）。

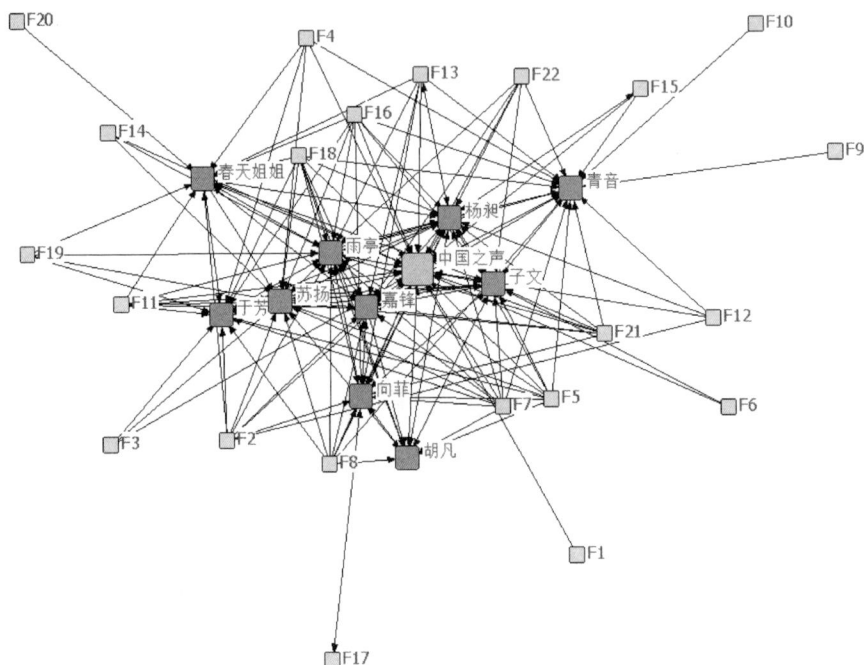

**图 6　中国之声微博平台影响力多核模型**

图 6 中的微博主页节点是按照其度数的高低排列的，度数越高的节点位置越靠近中心，节点的大小表明了其关注和被关注的度数，度数越高，节点越大；线的箭头代表了关注的方向，某个微博主页节点周围的箭头越密，说明该节点的粉丝越多，也就是该节点越容易成为信息的流出点，在整个网络中的传播力和影响力越强。

在整个网络中越靠近中心位置，被关注的程度越高，越往边缘，被关注度越低，在最外围的粉丝则几乎没有受到关注。这说明，在该社会网络分析图中，越靠近中心，该微博节点的传播力和影响力越大，反之亦然。从图 6 中可以看出，中国之声的微博节点位于最中心位置，是该网络的最核心节点，拥有最强的影响力和传播力。其次为围绕着中国之声的微博节点，位于传播力和影响力的第二梯队，即中国之声电台主持人雨亭、嘉锋、子文和杨昶。处于边缘位置的粉丝们在网络中处于被影响和被传播的位置。

另外，从图6中还可以看出，不管中国之声的电台主持人是否处于网络的中心位置，相较而言，都具有较强的传播力和影响力，是整个网络影响力的核心。

2. 广播微博平台影响力多核模型中心性和中介性分析

在社会网络中，某节点的中心度反映了该节点的"核心"程度。中心度主要描述的是节点或组织在网络中具有什么样的权力或处于什么样的地位。通常认为处于网络中心位置的成员拥有较高的社会资本和影响、支配他人的能力。在社会网络中，如果一个行动者与较多其他行动者之间存在直接联系，那么该行动者就居于中心地位，在该网络中拥有较大的权力。

中心度分为点度中心度、中间中心度和接近中心度3种。某个节点的中心度主要由点度中心度和中间中心度来衡量。网络中一个节点的点度中心度，指网络中与该点有直接联系的点的数目，也就是该微博关注了其他哪些节点，同时又被哪些节点关注。中间中心度描述的是网络成员对资源控制的程度，也就是某个微博节点在多大程度上成为其他两个节点相连的中介。接近中心度描述的是网络中的行动者不受他人控制的能力。

在广播微博平台影响力社会网络分析中，内向度指被关注的数量，有1个关注量为1度，也可以理解为某微博节点在总样本中拥有粉丝的数量。外向度指关注其他样本的数量，关注1个样本为1度，也就是说某微博节点在总样本中共关注了多少其他样本。从社会网络分析结果看（见表3），中国之声的内向度最高，为27，表明在整个网络中，中国之声位于传播力和影响力的最核心位置，是整个网络权力的核心。电台主持人杨昶的外向度为11，在所有的节点中最高，表明其信息收集能力最强，而且其内向度为20，居于第三位，表明杨昶在整个网络中充当着重要的信息收集者和传播者的角色，是整个网络传播力和影响力的中枢。另外，杨昶的中介性和标准化中介性分别为89.008和8.973，均位于第一位，表明杨昶在整个网络构建和影响力形成中也处于核心地位。

表3　中国之声微博平台影响力网络构成各节点中心性和中介性分析结果

| 节点名称 | 内向度 | 外向度 | 中介性 | 标准化中介性 |
|---|---|---|---|---|
| 中国之声 | 27.000 | 10.000 | 77.700 | 7.833 |
| 雨亭 | 21.000 | 9.000 | 32.608 | 3.287 |
| 杨昶 | 20.000 | 11.000 | 89.008 | 8.973 |
| 苏扬 | 18.000 | 7.000 | 15.808 | 1.594 |
| 青音 | 18.000 | 5.000 | 33.855 | 3.413 |
| 子文 | 17.000 | 10.000 | 30.637 | 3.088 |
| 于芳 | 16.000 | 3.000 | 2.063 | 0.208 |
| 嘉锋 | 16.000 | 8.000 | 12.073 | 1.217 |
| 向菲 | 14.000 | 7.000 | 75.408 | 7.602 |
| 春天姐姐 | 12.000 | 7.000 | 20.220 | 2.038 |
| 胡凡 | 10.000 | 7.000 | 32.578 | 3.284 |
| F2 | 2.000 | 7.000 | 3.533 | 0.356 |
| F8 | 1.000 | 9.000 | 0.510 | 0.051 |
| F17 | 1.000 | 1.000 | 0.000 | 0.000 |
| F15 | 1.000 | 3.000 | 0.000 | 0.000 |
| F13 | 1.000 | 7.000 | 0.000 | 0.000 |

　　一个网络的中介中心势反映了该网络的整体结构，值越高，表明网络中的权力被少数节点垄断的可能性越高。经过计算，整个网络的中介中心势为7.91%，处于较低水平。表明广播频道的微博平台影响力没有集中在少数节点之中，而是被多个节点所掌控，也就是说中国之声广播微博平台影响力模式中拥有多个核心。

　　3. 广播微博平台影响力多核模型小团体分析

　　利用 Ucinet 6.0 对群体进行小团体分析，最小规模为9，得到17个小团体，如表4所示。

表4 中国之声广播微博平台影响力网络的小团体分析

| 小团体 | 成员 | | | | | | | | |
|---|---|---|---|---|---|---|---|---|---|
| 1 | 中国之声 | 于芳 | 子文 | 胡凡 | 苏扬 | 雨亭 | 杨昶 | F5 | F7 |
| 2 | 中国之声 | 于芳 | 子文 | 苏扬 | 雨亭 | 杨昶 | 春天姐姐 | 嘉锋 | F7 |
| 3 | 中国之声 | 于芳 | 子文 | 苏扬 | 雨亭 | 杨昶 | 春天姐姐 | 嘉锋 | F11 |
| 4 | 中国之声 | 于芳 | 子文 | 苏扬 | 雨亭 | 杨昶 | 春天姐姐 | 嘉锋 | F18 |
| 5 | 中国之声 | 子文 | 胡凡 | 苏扬 | 雨亭 | 杨昶 | 向菲 | 嘉锋 | F5 |
| 6 | 中国之声 | 子文 | 胡凡 | 苏扬 | 雨亭 | 杨昶 | 向菲 | 嘉锋 | F7 |
| 7 | 中国之声 | 子文 | 胡凡 | 苏扬 | 雨亭 | 杨昶 | 向菲 | 嘉锋 | F8 |
| 8 | 中国之声 | 子文 | 胡凡 | 苏扬 | 雨亭 | 杨昶 | 向菲 | 嘉锋 | F18 |
| 9 | 中国之声 | 子文 | 胡凡 | 苏扬 | 雨亭 | 杨昶 | 向菲 | 嘉锋 | F21 |
| 10 | 中国之声 | 子文 | 胡凡 | 苏扬 | 雨亭 | 杨昶 | 向菲 | F5 | F7 |
| 11 | 中国之声 | 子文 | 胡凡 | 苏扬 | 雨亭 | 杨昶 | 春天姐姐 | 嘉锋 | F18 |
| 12 | 中国之声 | 子文 | 青音 | 苏扬 | 雨亭 | 杨昶 | 嘉锋 | F7 | F21 |
| 13 | 中国之声 | 子文 | 青音 | 雨亭 | 杨昶 | 向菲 | 嘉锋 | F7 | F21 |
| 14 | 中国之声 | 子文 | 苏扬 | 雨亭 | 杨昶 | 向菲 | 嘉锋 | F7 | F21 |
| 15 | 中国之声 | 胡凡 | 苏扬 | 雨亭 | 杨昶 | 向菲 | 嘉锋 | F7 | F8 |
| 16 | 中国之声 | 胡凡 | 苏扬 | 雨亭 | 杨昶 | 向菲 | 嘉锋 | F7 | F18 |
| 17 | 中国之声 | 胡凡 | 苏扬 | 雨亭 | 杨昶 | 向菲 | 嘉锋 | F8 | F18 |

从表4中可以看出，总计可分为17个小团体，其中中国之声和子文、胡凡、于芳等中国之声电台主持人微博节点在不同小团体中大量重复出现。由此可见，在中国之声广播微博平台影响力的构成中，并没有形成多个独立的小团体，而是中国之声电台和电台主持人处于核心地位，相互之间的关注程度和传播力较强，而粉丝则处于边缘地位，相互之间的关注度不高，主要受到电台和电台主持人的影响。这说明在中国之声广播微博平台影响力的构成中，电台和电台主持人处于核心位置，粉丝处于边缘位置。

在《微博：一种新传播形态的考察——影响力模型和社会性应用》一书中，著者指出微博信息传播的一个特征是通过用户之间的嵌套和勾连进行大范围的传播。通过小团体分析可以看出，中国之声微博平台影响力扩散存在于以中国之声为出发点的不同小团体中，而电台主持人是影响力扩张的重要连接点和组成部分，也可以理解为中国之声这一核心节点发出的信息，通过由其电台和不同的电台主持人构成的小团体传播，不断扩散影响力。

4. 广播微博平台影响力多核模型核心—边缘结构分析

核心—边缘结构分析的目的是研究社会网络中哪些节点处于核心地位，哪些节点处于边缘地位。通过对中国之声广播微博平台影响力的核心—边缘分析，得出中国之声电台和电台主持人共 11 个节点位于核心位置，而由粉丝构成的 22 个节点位于边缘位置。Ucinet 6.0 得出的中国之声微博平台影响力的简单核心—边缘模型如图 7 所示 。

```
                                    1 1   1 1 1 1 1 1 1 1 2 2 2 2 2 2 2 2 2 2 3 3 3 3
                  1 2 3 4 5 6 7 8 9 0 1   2 3 4 5 6 7 8 9 0 1 2 3 4 5 6 7 8 9 0 1 2 3
                  ??????????? F F F F F F F F F F F F F F F F F F F F F F
 1 中国之声      |  1 1 1 1 1 1 1 1 1 1 | 
 2       于芳    |1   1       1         | 
 3       子文    |1 1   1 1 1 1 1 1 1 1 | 
 4       胡凡    |1   1     1 1 1 1     |               1
 5       青音    |1   1       1 1     1 | 
 6       苏扬    |1 1 1 1     1 1     1 | 
 7       雨亭    |1 1 1 1 1 1   1 1   1 | 
 8       杨昶    |1 1 1 1 1   1   1 1 1 |                         1   1
 9       向菲    |1   1       1 1     1 |   1                             1
10 春天姐姐      |1 1 1     1 1 1     1 | 
11       嘉锋    |1   1 1 1 1 1 1   1   | 
                 -------------------------------------------------------------------
12         F1    |1                     | 
13         F2    |1 1       1 1   1 1 1 | 
14         F3    |1 1       1           | 
15         F4    |1 1     1 1       1   | 
16         F5    |1 1 1 1 1 1 1 1 1     | 
17         F6    |1   1                 | 
18         F7    |1 1 1 1 1 1 1 1 1   1 | 
19         F8    |1 1   1 1 1 1 1 1   1 | 
20         F9    |        1             | 
21        F10    |        1             | 
22        F11    |1 1 1     1   1   1 1 | 
23        F12    |1       1     1       |   1
24        F13    |1       1   1 1 1 1 1 | 
25        F14    |1         1 1         | 
26        F15    |1       1     1       | 
27        F16    |1 1 1   1 1 1 1 1 1   | 
28        F17    |                1     | 
29        F18    |1 1   1 1 1 1 1 1 1 1 | 
30        F19    |  1       1 1     1   | 
31        F20    |                  1   | 
32        F21    |1   1   1 1 1 1 1   1 | 
33        F22    |1   1   1   1 1     1 | 
```

**图 7　中国之声广播微博平台影响力简单核心—边缘模型**

从图 7 可以看出，整个网络被划分为四个部分，其中，最核心部分由电台和电台主持人构成；其次为 22 个粉丝节点对电台和电台主持人的关注，也就是中国之声及其主持人对粉丝形成的影响力；再次为电台及其主持人对粉丝的关注；处于最边缘位置的为粉丝之间的相互关注和影响。

通过对广播微博平台影响力的核心—边缘分析，可以直观地看出电台和电台主持人构成广播微博平台影响力多核模式中的多个核心。

中国之声是广播微博平台影响力模型的典型形式，中央电台 Music Radio（音乐之声）构筑的形式则是广播多核邀约模式的另一种形式（见图 8）。音乐之声在经营微博平台时，没有关注其他任何微博主页，而是将微博平台作为信息发布平台和信息收集平台，提供丰富多样的信息和粉丝自由发言的空间。其微博主页上提供的信息包括节目时间表、公告栏、活动链接、节目亮点链接、微群链接和歌曲投票等，在众多的电台频道网页中信息内容最丰富。

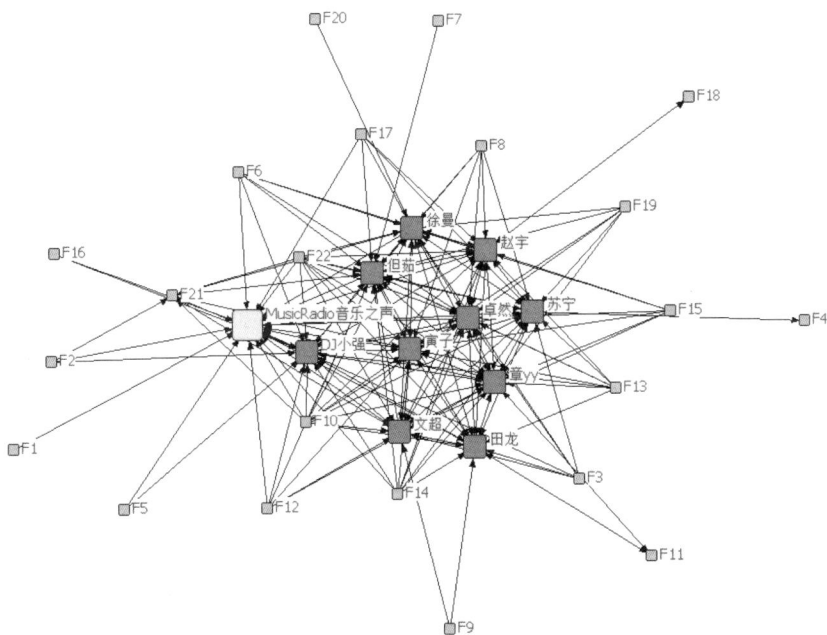

图 8　音乐之声微博平台影响力多核邀约模型

但是由于音乐之声微博本身没有关注其他主体，在其构成的微博平台影响力模型中处于相对边缘的位置，尽管其微博本身拥有最大的影响力，但在其构成的广播微博平台影响力多核邀约模型中并没有处在最核心位置。在一定程度上，音乐之声没有充分发挥微博作为社交媒体的特点和潜力。

综上所述，广播影响力建设应该从微博传播的特点出发，积极构建广播微博平台影响力多核模型，借助广播电台自身的"明星"资源，包括电台主持人、电台著名栏目、电台知名粉丝等形成相互关注、相互嵌套的多重影响力核心，不断提升广播微博平台影响力。

## 四、结语

多核邀约模式是目前广播提升微博平台影响力的重要模式之一，广播媒体应通过多元化影响力核心和主动邀约用户，实现广播媒体与微博融合中传播力的最大化。多核邀约模型并不仅仅适用于广播或者说媒体的发展，它与美国学者唐·舒尔茨提出的整合营销传播（IMC）实质相同。

整合营销传播是一种整体性的模式：IMC 的基本假设之一就是企业组织的所有部分和其他部分是相关联的；IMC 要求企业经理能够同步关注内部顾客和外部客户；IMC 认为企业的能力在于其品牌以及与现有顾客和潜在顾客的关系；进一步来说，IMC 坚信企业组织的任何事情都可以为其品牌价值和客户关系带来正面或是负面的影响。[①]

对提升广播微博平台影响力而言，多核邀约模式与整合营销传播一样，是针对时代环境变化而提出的实质相同的模式。多核邀约模式也是一种整体性的模式，它的基本假设是要求广播电台内部客户（电台主持人）和外部客户（电台用户）形成多核心化的传播力模型；多核邀约模式认为，广播媒体的能力在于其品牌能够主动邀约现有客户和潜在用户来提升媒体与用户之间的关系品质，并致力于建立一种长期的"契约"关系。媒体邀约亦是如此。

从广播微博平台影响力多核邀约模式出发，可以发现目前广播与微博的融合中有一些可改进之处。例如，就新浪微博而言，微电台和广播微博主页均有较多的关注，通过微电台可以链接到广播和电台主持人微博主页，但在广播微博主页或者著名电台主持人微博主页上并不能直接链接到微电台或其他听取广播节目的渠道，缺少双向链接和双方之间的互动，这在一定程度上降低了用户

---

① ［美］唐·舒尔茨、海蒂·舒尔茨著，何西军、黄鹏、朱彩虹等译：《整合营销传播：创造企业价值的五大关键步骤》，北京：中国财政经济出版社，2005 年，第6页。

体验的满意度。广播媒体应该通过与新浪微博合作协商或者开发某一广播频道微电台的直接到达，以提升用户体验和广播微博平台影响力。另外，广播在构建微博平台影响力的过程中，可以通过增加多个核心对粉丝的关注，增强和用户的关系，加大邀约的力度和可能性，保持用户忠诚度。

微博是新媒体，在探索中前进；广播与微博的融合也是新事物，也在探索中前进。笔者在收集资料时发现有些收听率居于该地区前十位的电台甚至没有在微博开设官方主页，而其电台主持人多为拥有身份认证的重要用户，只能说差距还在。广播微博平台影响力的提升和关于广播微博平台影响力的学术探讨也不应止步于目前的多核邀约模型，而应在实践和理论的相互借鉴中不断发展完善。

（原文刊载于《舆情观察（第8辑）》，北京：人民日报出版社，2014年。原题为"全媒体背景下广播'多核邀约'模式初探——基于广播微博平台影响力社会网络分析"。作者：朱磊、李理。有改动）

# 综合门户网站品牌个性维度的模型建构研究

## ——基于词汇联想法

### 一、问题的提出

从某种意义上说，市场竞争就是品牌的竞争，企业想赢得市场，就必须在品牌管理上下功夫。品牌管理的核心在于构建一系列独特的品牌识别特征，因为品牌所拥有的象征性意义和个性是刺激消费者进行品牌联想和形成态度的关键因素，因此品牌个性便成了品牌管理的重中之重，对品牌个性的研究也成为业界、学界密切关注的问题。

在品牌个性中，以品牌个性的维度最基础、最重要。品牌个性维度指的是品牌个性的结构组成，通常一个品牌的个性会由几个方面构成。"科学分类之要旨是界定一个广泛的维度结构，在这一结构内，大量的具体事例将以一种简化的方式被理解。"[①] 品牌个性维度是某品牌与其他品牌相区别的基础，也是研究消费者的购买动机，消费者对品牌的认知、态度、行动等一系列问题的基础。

1995 年，随着互联网在中国的蓬勃兴起，中国进入了网络时代，相伴而来的是以"开放、平等、互动、迅捷"为特征的网络文化。在这种与农耕文化、工业文化、商业文化迥异的新文化浪潮中，随着信息技术的发展，基于网络的新的信息传播模式和商业模式不断涌现，作为互联网的重要载体——网站，也层出不穷，并迅速陷入了激烈的品牌竞争之中。在这种背景下，对网站品牌个性维度的研究是非常必须的。因为传统的品牌个性维度的研究基本都是基于商业文化和实物产品的，而网站却由于其虚拟性、开放性、交互性的网络特点和全新的商业模式而与传统的企业和品牌呈现出巨大差异。而品牌个性又是网站参与市场竞争、赢得市场竞争的关键，是网络品牌研究的必备课题。在这种情

---

① 黄胜兵、卢泰宏：《品牌个性维度的本土化研究》，《南开管理评论》2003 年第 1 期，第 4 页。

况下，开展网站的品牌个性研究就具有极大的现实意义。

网站品牌个性维度的研究，一来可以检验传统的品牌个性理论是否适用于网站品牌；二来可以比较网站的品牌个性维度与实物产品的品牌或者企业品牌的个性维度的差异；三来可以为网站的经营管理提供决策参考；四来可以为与网站的经营管理相关的研究奠定基础。

## 二、研究现状

自从 20 世纪 50 年代美国 Grey 广告公司提出"品牌个性"理论以来，品牌个性在过去的几十年间在理论和实践中都取得了较大的进展。目前对品牌个性的研究大体上集中在品牌个性的概念、维度、影响因素（来源）以及品牌个性创建品牌资产和品牌个性的应用等几个方面。

关于品牌个性的定义，迄今为止不同的研究者有不同的见解，而被使用得最广泛的是艾克（Aaker，1997）的定义" the set of human characteristics associated with a brand"[1]，即品牌个性是"由某一品牌联想到的一组人类特征"。本文对品牌个性的定义进一步细化，表述为：品牌个性是品牌在一定社会条件和市场环境下形成的比较固定的特质，是人们对品牌所联想到的人类的特性，它可以反映出人们对品牌的感受，从而使品牌与其他品牌区别开来。

品牌个性维度的研究则得益于个性心理学在个性维度与文化之间关系问题上所取得的突破。在"维度"概念尚未在品牌个性中出现之前，品牌个性的测量处于一种比较混乱、无系统的状态中。随着 20 世纪 60 年代心理学领域著名的"大五"个性维度模型[2]的确立，品牌学者开始从品牌个性概念本身及其与心理个性之间的关系，着手发展真正意义上的品牌个性维度。在整个品牌个性

---

[1] AAKER J L. Dimensions of brand personality. Journal of marketing research，1997（34）：347.

[2] 现有公认的人类个性量表为 Goldberg（1990）总结的"大五"（big five）模型，在这一量表中，人类个性被规划到开放性（openness）、尽责性（conscientiousness）、外向性（extraversion）、愉悦（agreeableness）和神经质（neuroticism）这五个方面的测量维度（这些维度常常被缩写为 OCEAN），并具有 30 个具体的特征指标。

维度的研究中，从方法论方面可以分为演绎法和归纳法，归纳法居于主流地位。① 1997 年，美国著名学者詹妮弗·艾克（Jennifer L. Aaker）第一次根据西方人格理论的"大五"模型，以个性心理学维度的研究方法为基础，以西方著名品牌为研究对象，发展了一个系统的品牌个性维度量表（详见表 3）②。在这套量表中，品牌个性一共可以分为五个维度"纯真（sincerity）、刺激（exciting）、称职（competence）、有教养（sophistication）和强壮（ruggedness）"。这五个维度下有 15 个层面，包括 42 个品牌人格特性。这套量表是迄今为止对品牌个性所做的最系统、最有影响力的测量量表，据说可以解释西方 93% 的品牌个性的差异。艾克的品牌个性维度量表在西方营销理论研究和实践中得到广泛的运用。

2001 年，为了探索品牌个性维度的文化差异性，艾克与当地学者合作，沿用了 1997 年美国品牌个性维度开发过程中使用的方法，对日本、西班牙这两个分别来自东方文化区以及拉丁文化区的代表国家的品牌个性维度和结构进行了探索和检验，并结合艾克 1997 年对美国品牌个性的研究结果，对三个国家的品牌个性维度变化以及原因进行了分析。结果发现：美国品牌个性维度的独特性维度在于"强壮"（ruggedness）；而日本是"平和"（peacefulness）；西班牙却是"热情/激情"（passion）。③

以艾克"大五"模型为基础，许多学者对品牌个性进行了拓展研究，在国内，以学者黄胜兵、卢泰宏对品牌个性维度的本土化研究最为出名。2003 年，黄胜兵、卢泰宏参照艾克的词汇分析法对品牌个性的维度进行了本土化研究，得出了由 66 个品牌个性词汇构成的五个品牌个性维度，将它们分别命名为具有中国传统文化特色的"仁、智、勇、乐、雅"。④

近年来，虽然有不少学者把对品牌个性维度的研究应用到电子产品、电子

---

① 归纳法以特质论和词汇法作为方法论基础。特质论假设必须同时用几种主要的特质来形容人的性格或个性，如演绎法的类型论中说某人是一个内向的人，而特质法则说某人是一个安静、深思、谨慎的人。词汇法则假设词汇可以作为品牌个性研究的重要媒介，并被认为是一个国家文化的集中体现。因此，词汇法是一种重要的本土化研究方法。

② AAKER J L. Dimensions of brand personality. Journal of marketing research, 1997 (34): 347 – 356.

③ 黄胜兵、卢泰宏：《品牌个性维度的本土化研究》，《南开管理评论》2003 年第 1 期，第 5 页。

④ 黄胜兵、卢泰宏：《品牌个性维度的本土化研究》，《南开管理评论》2003 年第 1 期，第 7 – 8 页。

商务和网络品牌上，但是大多数都是基于实物产品在网络上的延伸，即使有少量研究网站的品牌个性的，也是套用了艾克或者黄胜兵等人的品牌个性维度理论，追根溯源地对网站这一类型品牌的个性维度进行研究的几乎没有。因此，对网站的品牌个性维度进行研究，既有理论意义，也有现实意义。

## 三、研究方法

由于本研究属于探索型研究，故选择综合门户网站排名前四位的腾讯、新浪、搜狐、网易作为研究对象，运用词汇联想法获得初始词汇，然后对这些初始词汇进行分析。

### （一）网站的选择

选择腾讯、新浪、搜狐、网易四家综合门户网站作为研究对象，是基于以下几个方面的原因。第一，成立时间早，几乎经历了中国互联网发展的全过程。网易于 1997 年创办，搜狐、新浪、腾讯在 1998 年创办，经过网络泡沫的大浪淘沙，这四家网站能生存下来并且称雄网络世界，证明它们是有实力的，是网站中的代表。第二，业务全面，整体实力较强。它们基本具备了新闻发布、即时通信、休闲娱乐、电子商务等功能，在长期的市场运作中，也形成了比较成熟的品牌管理方式，能较全面地反映网站的基本素质。第三，在我国的互联网品牌中，较早具有品牌意识并且付诸实践。比如腾讯就是我国互联网企业中率先引入 CIS（企业形象设计）的企业之一。第四，访问量位居中国网站排行榜前六位，如果剔除搜索网站百度和谷歌，它们就是排名前四位，名列前茅的访问量说明了它们有着较高的知名度和广泛的用户基础，方便调查研究的开展。而从它们身上所得出的研究结论，也有更广泛的普适意义。

### （二）问卷设计

运用开放式的词汇联想法，可以得到消费者对品牌最原始和最真切的评价，还可以根据消费者不同级别的联想词汇得到消费者的联想地图。因此问卷设计如下：

如果把"网易"（"腾讯"／"新浪"／"搜狐"）想象成一个人的话，您觉得他（她）拥有什么样的个性呢？请把您想到的形容词写在下面横线上，例如整洁的、亲切的等等。

### （三）施测过程

在学生和社会人士中选择那些经常使用、比较熟悉相关网站的人进行访问。整个测量持续一周时间，共派出问卷 320 份，回收 273 份，有效作答 273 份。其中，女性占 64.3%，男性占 35.7%。

### （四）数据处理

本研究的所有数据整理和分析主要通过 Microsoft Excel 2003 及 SPSS 13.0 两种软件进行，主要运用了频次分析方法。

## 四、结果和分析

在 273 份有效问卷中，共收集到 894 个词汇。除了把意思相同的词统一为一个词，例如把"八卦"和"八卦的"统一为"八卦的"，基本没有对形容词进行修改，以保留原始数据。然后对所有词汇进行频次统计。

### （一）综合门户网站品牌个性维度的初步建立

对所有词汇按频次进行降序排列，取频次超过 10 的 11 个形容词各自作为一个类别，把与这 11 个词意思相近或相反的词分别归到一起，无法归入的暂时归为"其他"类别，以此对所有词汇进行分类。以这 11 个原始词作为类别名的话，可以得出"亲切的""全面的""活泼的""八卦的""丰富的""整洁的""成熟的""时尚的""方便的""年轻的""可爱的""其他" 12 个类别。由于"全面的"和"丰富的"、"时尚的"和"年轻的"两组类别意思相近，均把后者归入前者。最终所得类别为"亲切的""全面的""活泼的""八卦的""整洁的""成熟的""时尚的""方便的""可爱的""其他" 10 大类别。其中各类别中词汇的总频次以及在 273 人中所占的百分比如表 1 所示：

表1　各类别词汇总频次及在273人中所占百分比

| 序号 | 类别名 | 频次 | 百分比（%） |
|---|---|---|---|
| 1 | 全面的 | 128 | 46.89 |
| 2 | 成熟的 | 122 | 44.69 |
| 3 | 亲切的 | 105 | 38.46 |
| 4 | 时尚的 | 96 | 35.16 |
| 5 | 活泼的 | 94 | 34.43 |
| 6 | 方便的 | 81 | 29.67 |
| 7 | 整洁的 | 77 | 28.21 |
| 8 | 可爱的 | 74 | 27.11 |
| 9 | 八卦的 | 69 | 25.27 |
| 10 | 其　他 | 48 | 17.58 |

由于"其他"这一类别的词汇不能作为评价网站个性的一个确切方面，故除去此类别，将前9个类别作为分析单位。

首先将前9个类别作为评价综合门户网站个性维度的二级指标。由表1可见，"全面的"所包含词汇的频次最高，第二是"成熟的"，第三是"亲切的"。这三个指标所包含频次均在100以上，所占比重均在40%左右。由此可得，"全面的""成熟的""亲切的"是评价综合门户网站最重要的指标。"时尚的""活泼的""方便的"三个指标的重要程度次之，所包含词汇的频次在80和100之间。"整洁的""可爱的""八卦的"三个指标的重要程度最小，所包含词汇的频次在60和80之间。

接下来，根据词语的不同词义，再从各类别中选出一些频次较高的词汇作为三级指标，对类别进一步细化和诠释，得出表2。至此可初步得出评价综合门户网站品牌个性维度的第二、第三级指标。

表 2　综合门户网站品牌个性维度的第二、第三级指标

| 序号 | 二级指标 | 三级指标 |
|---|---|---|
| 1 | 全面的 | 全面的、丰富的、博学的、多才的、综合的、多元的、不够全面 |
| 2 | 成熟的 | 成熟的、可靠的、智慧的、进取的、成功的、权威的、不够权威 |
| 3 | 亲切的 | 亲切的、包容的、大众的、熟悉的、陌生的、乐于助人 |
| 4 | 时尚的 | 时尚的、年轻的、新颖的、有个性的、创新的、平淡的、没个性的 |
| 5 | 活泼的 | 活泼的、外向的、热情的、运动的、朝气的、多变的、沉闷 |
| 6 | 方便的 | 方便的、实用的、周到的、高效的、迟钝的 |
| 7 | 整洁的 | 整洁的、清新的、朴素的、有条理的、杂乱的、琐碎的、清晰的 |
| 8 | 可爱的 | 可爱的、大方的、有趣的、性感的、贪婪的、烦人的、无耻的的 |
| 9 | 八卦的 | 八卦的、娱乐的、山寨的、严肃的、花心的 |

表 3　詹妮弗·艾克的品牌个性维度量表

| 一级指标 | 二级指标 | 三级指标 |
|---|---|---|
| 纯真（sincerity） | 纯朴的（down-to-earth） | 纯朴的（down-to-earth） |
| | | 顾家的（family-oriented） |
| | | 老土的（small-town） |
| | 诚实的（honest） | 诚实的（honest） |
| | | 坦率的（sincere） |
| | | 真实的（real） |
| | 有益的（wholesome） | 有益的（wholesome） |
| | | 独创的（original） |
| | 愉悦的（cheerful） | 愉悦的（cheerful） |
| | | 多愁善感的（sentimental） |
| | | 友好的（friendly） |

（续上表）

| 一级指标 | 二级指标 | 三级指标 |
|---|---|---|
| 刺激（exciting） | 勇敢的（daring） | 勇敢的（daring） |
| | | 时髦的（trendy） |
| | | 兴奋的（exciting） |
| | 精力充沛的（spirited） | 精力充沛的（spirited） |
| | | 冷静的（cool） |
| | | 年轻的（young） |
| | 富于想象力的（imaginative） | 富于想象力的（imaginative） |
| | | 独一无二的（unique） |
| | 最新的（up-to-date） | 最新的（up-to-date） |
| | | 独立的（independent） |
| | | 当代的（contemporary） |
| 称职（competence） | 可靠的（reliable） | 可靠的（reliable） |
| | | 勤奋的（hard working） |
| | | 安全的（secure） |
| | 聪明的（intelligent） | 聪明的（intelligent） |
| | | 技术的（technical） |
| | | 合作的（corporate） |
| | 成功的（successful） | 成功的（successful） |
| | | 领袖（leader） |
| | | 自信的（confident） |

（续上表）

| 一级指标 | 二级指标 | 三级指标 |
|---|---|---|
| 有教养<br>（sophistication） | 上层的（upper class） | 上层的（upper class） |
| | | 迷人的（glamorous） |
| | | 好看的（good looking） |
| | 可爱的（charming） | 可爱的（charming） |
| | | 女性的（feminine） |
| | | 光滑的（smooth） |
| 强壮<br>（ruggedness） | 户外的（outdoorsy） | 户外的（outdoorsy） |
| | | 阳刚的（masculine） |
| | | 西部的（western） |
| | 坚韧的（tough） | 坚韧的（tough） |
| | | 健壮的（rugged） |

**（二）综合门户网站品牌个性维度的建立**

参考詹妮弗·艾克的品牌个性维度量表和黄胜兵、卢泰宏二人的品牌个性维度的本土化研究，概括出综合门户网站品牌个性维度的一级指标，即"称职""刺激""有教养""纯真""八卦"。

1. 与詹妮弗·艾克提出的品牌个性维度相比较

参考艾克所提出的品牌个性维度词汇（见表3），根据二级和三级词汇的相似性，可以对表2和表3两个维度表进行比较。表2中的"亲切的"可以归入表3中的一级指标"纯真"中，相似词语有"亲切的"—"友好的"、"乐于助人"—"有益的"、"大众的"—"纯朴的"等；"活泼的"和"时尚的"可以归到"刺激"中，相似的词语有"朝气的"—"年轻的"、"运动的"—"精力充沛的"、"新颖的"—"最新的"、"创新的"—"独一无二的"、"时尚的"—"时髦的"等；"成熟的"可以归到"称职"中，相似的词语有"成功的"—"成功的"、"可靠的"—"可靠的"、"进取的"—"勤奋的"、"智慧的"—"聪明的"等；"方便的"和"全面的"两大类别虽然缺乏与"称职"

比较相近的词语，但是与"称职"的词义相符，也可归入其中；"整洁的"和"可爱的"可以归到"有教养"中，相似的词语有"可爱的"—"可爱的"、"整洁的"—"好看的"、"性感的"—"女性的"等。表2中的"八卦的"与表3比较，缺乏相近的词语，不能归入表3的任何一个一级指标中，暂且用"八卦"作为一级指标名称。表3中的"强壮"由于不能概括表2中的某一个二级指标，不能作为表2中某一个一级指标的名称。综上所述，如果用艾克提出的品牌个性五大维度来衡量综合门户网站的品牌个性，可以得出以下几个维度："纯真""刺激""称职""有教养""八卦"。

计算各个维度所包含的所有原始词汇的总频次在总人数（273人）中所占的比重（见图1）可知，在五个维度中，"称职"是人们评价综合门户网站个性提得最多的方面，所占比重最大，是最重要的维度。此外依次是"刺激""有教养""纯真""八卦"。与艾克提出的五大维度以"纯真""刺激""称职""有教养""强壮"为先后顺序的排序相比，除了"刺激"都排在第二位之外，其他维度的排序都完全不同。"称职"和"有教养"的重要性有所提高，"纯真"的重要性有所减弱。由此可见综合门户网站品牌个性评价的独特性。

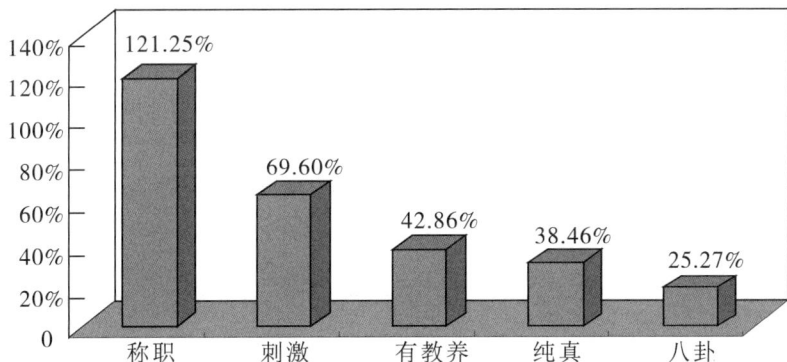

图1 综合门户网站品牌个性维度比例

通过比较詹妮弗·艾克的品牌个性维度和综合门户网站品牌个性维度的图示（见图2和图3），可以看出，与詹妮弗·艾克提出的品牌个性维度相比，综合门户网站品牌个性维度中缺少了"强壮"，增加了"八卦"。这或许与网站品牌的特点和中国本土文化有关。根据现有的研究成果，"强壮"本来就是美国品牌个性的独特特征，与日本、西班牙等国家有明显的区别，评价中国文化下的网站品牌有所不适应也纯属正常。另外，网站个性的其他四个维度虽然可以用艾克提出的测量品牌个性的其他四个维度来概括，但是所包含的词汇已经明显不同，即品牌个性的细化特征不同。例如"称职"维度中就增加了"全面的"和"方便的"两个个性特征。

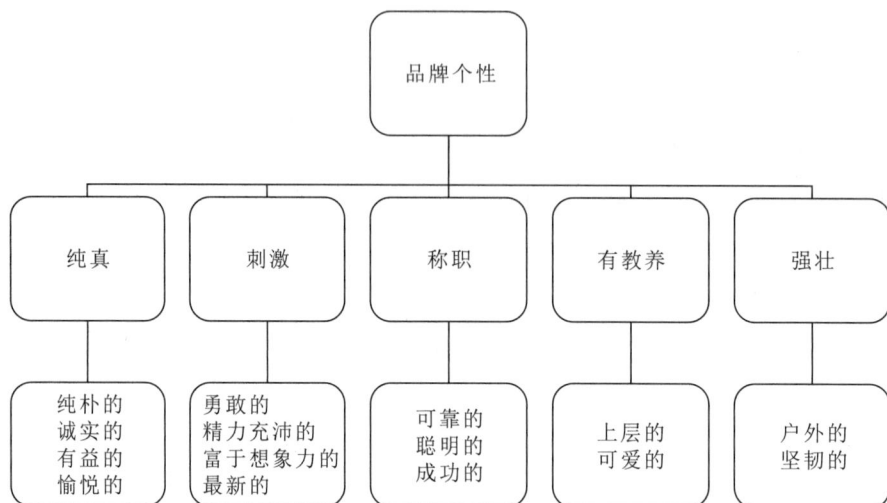

图2　詹妮弗·艾克的品牌个性维度

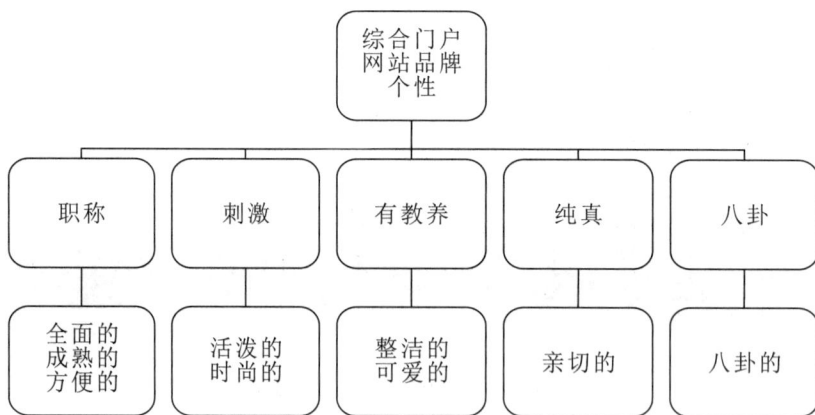

图3　综合门户网站品牌个性维度

2. 与国内本土品牌个性维度相比较

在国内，品牌个性维度的本土化以黄胜兵、卢泰宏的研究最为出名，他们参照艾克的词汇分析法得出了颇具本土特色的五大品牌个性维度，这些维度由66个品牌个性词汇构成。黄胜兵、卢泰宏的论文中列举了其中的45个（见表4）。

表4　中国品牌个性维度量表①

| 序号 | 维度 | 个性词汇 |
|---|---|---|
| 1 | 仁 | 平和的、环保的、和谐的、仁慈的、家庭的、温馨的、经济的、正直的、有义气的、忠诚的、务实的、勤奋的 |
| 2 | 智 | 专业的、权威的、可信赖的、专家的、领导者、沉稳的、成熟的、负责任的、严谨的、创新的、有文化的 |
| 3 | 勇 | 勇敢、威严、果断、动感、奔放、强壮、新颖、粗犷 |
| 4 | 乐 | 欢乐、吉祥、乐观、自信、积极的、酷的、时尚的 |
| 5 | 雅 | 高雅、浪漫、有品位的、体面的、气派的、有魅力的、美丽的 |

根据个性词汇的相似度，可以把综合门户网站品牌个性指标中的"成熟的""活泼的""时尚的"分别归到"智""勇""乐"中。它们的相似词语组合分别有："成熟的"—"成熟的"、"可靠的"—"可信赖的"、"权威的"—"权威的"；"运动的"—"动感"、"热情的"—"奔放"、"多变的"—"新颖"；"时尚的"—"时尚的"、"有个性的"—"酷的"。根据黄胜兵、卢泰宏对"仁"解释的"爱人""爱物"之意，"亲切的"也可以用"仁"来概括。黄胜兵、卢泰宏对"智"的解释有"术"和"才"之意，所以"全面的""方便的"也可以用"智"来概括。黄胜兵、卢泰宏对"乐"的解释有"来自内心的积极、自信和乐观"和"群体欢乐"之意，所以"八卦的"和"可爱的"可以用"乐"来概括，况且也有"娱乐的""有趣的"与之相对应。又因为黄胜兵、卢泰宏对"雅"的解释有"秀丽、端庄的容貌特征"之意，所以"整洁的"可以用"雅"来概括。至此，又可以得出一个以本土品牌个性维度来命名的综合门户网站品牌个性维度（见图4）。

---

① 黄胜兵、卢泰宏：《品牌个性维度的本土化研究》，《南开管理评论》2003年第1期，第7-8页。

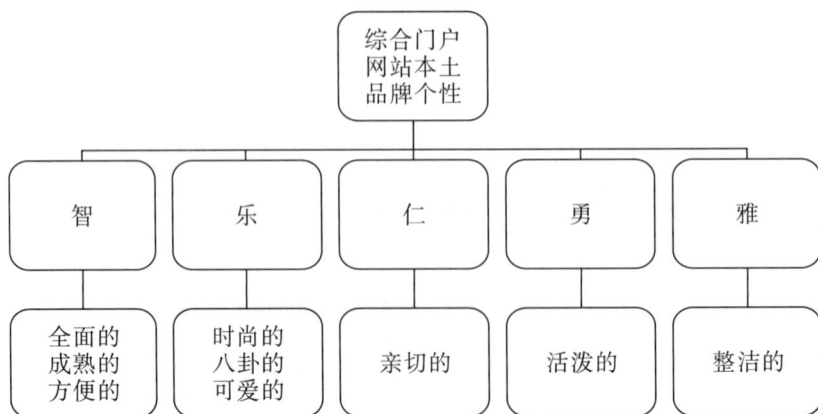

图4　综合门户网站本土品牌个性维度

根据所包含词汇的总频次比例来看（见图5），"智"在评价综合门户网站本土品牌个性时被提及的频次最高，是五个维度中最重要的一个，"乐"紧随其后，重要程度次之，之后依次是"仁""勇""雅"。与黄胜兵、卢泰宏提出的以"仁""智""勇""乐""雅"为先后顺序的五大维度相比，除了"雅"都排在最后之外，其他几个维度的排序都完全不同。"智"和"乐"的重要性有所提高，"仁"和"勇"的重要性有所降低。

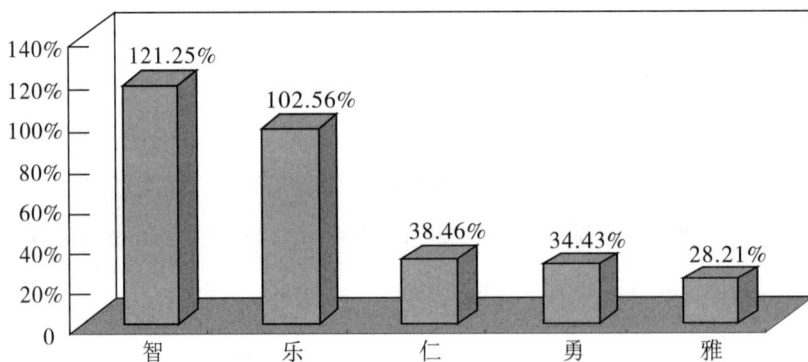

图5　综合门户网站本土品牌个性维度比例

综上可知，黄胜兵、卢泰宏提出的本土品牌个性维度是可以用来概括综合门户网站品牌个性的，或许是因为两者同属中国文化语境下的研究。但是两者在具体的个性特征上仍存在较大差异，例如综合门户网站品牌个性中的"雅"就只包含外形之雅，去掉了对儒雅的言行和理想性格的评价。

3. 综合门户网站品牌个性维度的最终建立

至此，研究组分别用被普遍认同的詹妮弗·艾克的品牌个性维度和国内最具代表的本土品牌个性维度来概括了综合门户网站的品牌个性维度。虽然都有一定的适应性和差异性，但是，相比来说，本研究小组更倾向于艾克提出的品牌个性维度对综合门户网站品牌个性维度的概括，并以此作为本小组对综合门户网站品牌个性维度的假设。原因有三：

首先，本土品牌个性维度对综合门户网站品牌个性的概括太过抽象，不够直观。其实黄胜兵、卢泰宏提出的品牌个性维度本来就太过抽象，这就导致具体的品牌个性特征分类模糊，比如综合门户网站中"时尚的"这一特征，既可以归入"雅"，也可以归入"乐"。其次，综合门户网站品牌个性用本土品牌个性维度来概括之后，去掉了很多本土品牌个性维度本来包括的个性特征，仍用原来的维度名称显得名不副实。例如综合门户网站品牌个性维度中的"仁""勇""雅"三个维度都分别只有"亲切的""活泼的""整洁的"一个方面，看起来有些单薄。最后，黄胜兵、卢泰宏的本土品牌个性研究是以艾克的品牌个性研究为基础的，况且其提出的"大五"模型在世界上得到了普遍认同，日本、西班牙等国家在建立品牌个性维度时也都是在此基础上稍作改动。

## 五、研究局限与展望

本文利用词汇联想法对综合门户网站品牌个性的评价维度进行了研究，并在艾克提出的品牌个性维度框架下最终得出测量综合门户网站品牌个性的假设模型，为综合门户网站品牌个性的评价提供了一定的参考。

由于只是前期的研究，得出的结果也只是假设，研究结果难免会有欠严谨之处。首先，表示综合门户网站品牌个性特征的词是根据被调查者提到的频次、词义本身、与其他词的区别挑选出来的，可能不够全面。至于这些词到底在多大程度上适合用来描述综合门户网站的个性也需要进一步的调查和分析。其次，综合门户网站品牌个性各个维度的重要程度是根据所包含的词汇总频次的比例大小来确定的，而非根据具体的分析结果得来，有待进一步研究。最后，由于调查对象只限于广州地区，由于地域文化的差异，该研究结果是否具有全国代表性也需进一步调查论证。

在今后的研究中，研究小组将对提出的假设进行验证，针对每一个维度重新进行问卷调查，利用因子分析，找出每个维度及代表每个个性特征的词汇的适合度。如果假设的个性维度得到验证，根据现有的每个网站的联想词汇，应该可以很方便地得出每个综合门户网站的个性特征。

［原文刊载于《广告大观》（理论版）2011 年第 5 期。作者：朱磊、郑爽、张子民、杨琰。有改动］

# 场景视域下的数字营销

…… ……

# 品牌舆情的理论与实践

## 一、背景与目的

品牌舆情是社会公众针对品牌表达的情绪、意愿、态度和意见的总和。品牌舆情监测是在数据模型的基础上，利用科学分析系统对品牌舆情进行监测和分析。品牌舆情监测对正确评估品牌形象和品牌价值有重要参考作用。这里的品牌包括商品、企业、人物、非营利组织。本研究以房地产企业品牌为研究对象，以《中国房企名望报告（2012）》为实践案例，对品牌舆情的理论建构及其应用的可能性进行探讨。

目前国内学界对"品牌舆情"尚未有深入探讨，在企业舆情领域，学界的研究多囿于公共关系一隅，主要的研究重点为危机舆情或危机管理，多关注出现品牌危机时如何通过标准化的沟通手段进行危机化解。实际上，品牌舆情不仅仅是单纯的控制、监测，还具有合理引导的作用。品牌舆情是企业发展的一个灯塔，指引企业更好地去运作自己的品牌。

品牌形象是品牌资产的重要组成部分，舆情是品牌形象的重要体现。以往传统品牌形象调查大多通过大型消费者调查来实现，不仅费时费力，且取样时极易出现偏差而导致结果不准确。在互联网时代里，品牌舆情的呈现不仅是在线下的议论和评价中，也散见于各类媒体的报道和网络用户的评论之中。而利用科学的舆情分析方法和技术，对品牌进行更快捷便利的监测与分析，可以补充传统消费者调查分析的不足之处，为提升品牌价值提供更加全面的数据参考。

在当前瞬息万变的市场环境下，企业对舆情监测的需求很高，但目前商用的各类舆情监测系统在实际运用中，监测时空范围有限，仍然需要人工手段进行辅助，有些企业干脆采用人海战术进行人工搜索和分析。整体舆情监测方式反馈慢、方式单一、结果不准确，让企业对舆情监测现状深感不满，一筹莫展。

在这种非智能、不精准的舆论监测背景下，企业常常采用非正常手段来应对舆情，大致有两种手段。第一，"对付"舆情，把消费者当成敌人，采用删帖、雇"水军"等不合法手段。第二，"应付"舆情，眼中只有自己的产品和销量，对消费者和媒体报道不理不睬。如此"应对"舆情的结果，不仅伤害了消费者乃至社会公众，也使企业自身的品牌价值下降，最终影响企业经营效益。事实上，对品牌舆情的有效监测与分析，能够帮助企业改善和引导舆情，形成有利于企业自身发展的舆论环境，提高品牌经营效益。

## 二、品牌舆情理论建构的尝试——名望舆情研究系统

名望舆情研究系统（简称"名望系统"），是笔者和万舆科技共同开发的文本分析系统。该系统在国内现有分词系统的基础上，利用多种公认的权威词库对词的褒贬义进行定义。该系统将文本进行结构化分析，将分析结果放入比较词库进行比对，形成相对应的正负面评价，从而实现对全文本的综合判定。

### （一）指标说明

名望舆情研究系统的指标由名指数和望指数两大指标构成。名指数由网页提及量、贴吧提及量、微博提及量、新闻提及量四个二级指标构成。名指数越高，表示相关研究对象一年内在网络媒体的提及热度越高。

名指数中，网页提及量、贴吧提及量和微博提及量三个指标，主要是指公众以互联网为平台所发布的涉及该研究对象的网页信息总量、贴吧信息总量和微博信息总量，体现公众对该研究对象的知晓和了解程度，从侧面反映出该研究对象社会公众影响的广度和深度。这三个二级指标的分值高低体现了在不同互联网平台中公众对该研究对象的知晓和了解程度。名指数中的新闻提及量主要是指以互联网为平台发布新闻信息的媒体所发布的涉及该研究对象的新闻总量，例如门户网站、专业网站、新闻媒体网站等，体现媒体对该研究对象的知晓、了解程度，从侧面反映出该研究对象媒体影响的广度和深度。

望指数由望顺差、非争议性系数、媒体美誉度三个二级指标构成。望指数能较客观地反映相关研究对象一年内基于新闻评论的媒体评价情况。其中，望顺差是指提及该研究对象的互联网文本中关于其褒义评价与贬义评价的差值，体现该研究对象受到赞誉的程度。分值为正数说明媒体对其的褒义评价多于贬义评价，分值为负数则说明媒体对其的褒义评价少于贬义评价。非争议性系数是指提及该研究对象的互联网文本中关于其褒贬评价的情况，即该研究对象褒义评价与贬义评价之间差值的绝对值，体现该研究对象的争议程度。分值较低

说明其争议性较大，分值较高则说明争议性较小。媒体美誉度是指以互联网为平台发布新闻信息的媒体所发布的涉及该研究对象的新闻的性质，体现媒体对该研究对象的接纳、信任、赞美和尊重的程度。

### （二）系统的特色

关于该系统的特色，笔者于 2012 年 10 月接受《名牌》杂志记者采访时已有所提及[①]，现梳理如下：

第一，优化褒贬义判定方法。在系统建构过程中，笔者发现一个有趣的现象：新闻编辑倾向"标题党"，读者又喜欢"浅阅读"，造成只看标题不看内容，评论骂声一片的结果。依据于此，我们将系统设计得更接近于人类阅读和情感的判别习惯。已发表的《中国商界精英名望报告》中初步测试结果显示，名望系统对新闻文本的褒贬判定准确率为 79%，错误判定率为 11%，从使用经验看，准确率要高于笔者所了解的国内几款主流的褒贬判定系统。尽管如此，褒贬义词库只能无限接近人工情感判断，无法完全等同。

第二，创建名望系统新指标。在探索名望舆情研究系统的过程中，经过多次的讨论和修改形成的名望舆情研究系统，创新性地构建了以下三个指标系数，分别为：名望指数、望顺差和非争议系数。

1. 名望指数

名望指数为本研究独创。在指标建设过程中，笔者曾经考虑过用其他指数来构建舆情模型，最终发现，"名"和"望"是中国社会最具代表意义的名望指标，它不仅从人性的层面归纳性地概括了舆情对于品牌的意义，而且也适用于更广的范围，包括人、事、物。

对名望指数模型的构建思考已久，但真正的实践是从与南方报业旗下《名牌》杂志的合作开始的。做第一版报告时，我们尽可能不事先去"了解"研究对象，而是保持"一无所知"的状态，不干预任何执行过程，完完全全"从数据到结论"。当时的权重是名望 1：1 分配，但结果和业界感受差别显著。经过多次反复修正，坚持只能"从数据到结论"，不对数据作人为调整，放弃一开始就加入的调研数据，而专注网络文本样本分析，最终得到了较为满意的指标模型。

---

① 《中国商界精英名望报告：用事实说话》，《名牌》2012 年第 10 期。

2. 望顺差

"望顺差"的概念是受到经贸用语"贸易顺差"的启发而诞生的。褒与贬的评价之间的量化差距是衡量一个人或事物的重要指标，这就像有 10 个人说广州塔很美，但有 1 个人认为很丑，这时候舆论所产生的偏向，我们认为是值得衡量的指标，所以谓之"望顺差"。

3. 非争议系数

这一概念是研究对象褒义评价与贬义评价之间差值的绝对值，体现某品牌受到争议的程度。举个例子，极富有争议的品牌和声望一般的品牌，其望顺差可能持平，但二者在公众对"望"的衡量上显然有非常大的差异。这时候加入非争议性系数这个指标，能够有效地增加对望顺差的矫正，能够更精确地反映出望指数，也就更接近舆情的实际情况。

此外，在统计方法上我们选择了主成分分析法，避免过多的人工介入，而这一点也贯彻于整个研究，力求将这个具有试验性质的研究向着舆情研究的人工智能化再推进一步。

# 三、品牌舆情的实践案例——《中国房企名望报告（2012）》

名望舆情研究系统经过多次内测和优化，2012 年 10 月首次在《中国商界精英名望报告》中运用并取得较好的效果，而后又推出《中国学界名望报告》和《中国文艺界名望报告》，此三者均为探索性研究。《中国房企名望报告（2012）》则是真正意义上的品牌舆情的实证研究。以下笔者将详细解读研究报告成果及其名望系统在报告中的运用，在此基础上，对品牌舆情和品牌营销之间的关系进行分析探讨。

## （一）报告的诞生背景

《中国房企名望报告（2012）》聚焦中国房地产企业的名望排行[①]，并对其销售业绩进行相关分析。这主要基于三个方面的考虑：

首先，房地产行业面临重新洗牌，企业长期经营和积累的名望将对企业的未来发展产生重要影响。随着近年来国家政策的宏观调控，房地产企业正面临

---

① 朱磊主编：《中国房企名望报告（2012—2013）》，暨南大学舆情研究中心，2013 年。

着新一轮的调整。其次，房地产消费者日趋理性，房地产消费观念从"产品时代"——人们单纯对产品"质"的关心，即房价、户型、配套、环境、地段等等，开始跨向"品牌时代"——消费者对于自身需求的满足更为看重。房产企业名望将会是消费者选择产品的重要影响因素之一。最后，搜索引擎、网络新闻、房产论坛以及微博、微信等正成为房地产公司的品牌形象展现平台。伴随着中国网民基数和力量的不断加大，网络媒体对房地产企业有着巨大影响。互联网成为消费者在购买决策前信息收集、方案评价的重要来源。消费者通过互联网来了解房地产公司的品牌信息。

与此同时，作为国民经济支柱行业的房地产业，网络口碑的整体健康度却处于较低水平，"房地产品牌对于品牌形象的网络传播管理有缺乏重视之嫌，使得品牌形象的网络传播效果赶不上线下传播效果"①。

综合以上考量，《中国房企名望报告（2012）》以房地产企业品牌名望为焦点，依据 CRIC（中国房产信息集团）中国房地产测评中心发布的"2012 年度中国房企住宅销售 TOP 50"，选择以房产为主营业务的 40 家房地产企业作为研究对象。采样时间为 2012 年 1 月至 12 月。这 40 家房地产企业的名望坐标图如图 1 所示。

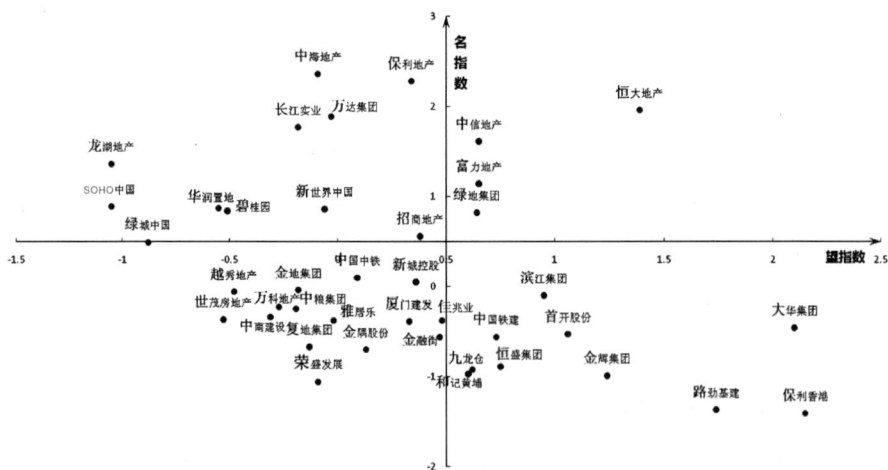

**图 1  中国房企名望坐标图**

数据来源：《中国房企名望报告（2012）》。

---

① 朱磊主编：《中国房企名望报告（2012—2013）》，暨南大学舆情研究中心，2013 年。

### （二）报告数据解读与结果分析

数据表明，名望指数总排名前十名从高到低分别是：恒大地产、大华集团、保利地产、中信地产、中海地产、保利香港、富力地产、绿地集团、万达集团、路劲基建。这十家企业，既有全国性品牌，也有区域性品牌。总体来说，房地产企业的名望高低主要受其品牌形象网络传播的数量与质量、广度与深度的影响。主要结论如下：

1. 全国品牌以"名"制霸

根据 40 家房地产企业的发展战略和项目布局，可把它们划分为全国性品牌和区域性品牌。全国性品牌和区域性品牌的名指数平均得分差距较小，全国性品牌平均得分为 0.19 分，区域性品牌为 -0.06 分，全国性品牌得分高于区域性品牌，分差为 0.25 分。可见区域性品牌的网络知名度低于全国性品牌的网络知名度。[①]

表 1　名指数得分表

| 类型 | 名得分 |
| --- | --- |
| 全国性品牌 | 0.19 |
| 区域性品牌 | -0.06 |

数据来源：《中国房企名望报告（2012）》。

区域性房企品牌的知名度表现较全国性房企品牌稍显逊色，知名度弱，这对区域性房企的业务扩张会有制约作用，对其进军全国市场形成阻碍。因此，在发展过程中，区域性房企仍需要不断强化知名度，提升自己的名望指数。

"中海地产"作为一家全国性房地产企业，其名指数排名第一，虽然望指数表现欠佳，但名指数得分有力地拉升了整体的名望指数。这一现象也是全国性房地产企业的一个普遍现象，名对于房产企业的品牌形象的传播而言影响力显著。

2. 区域品牌以"望"取胜

全国性品牌和区域性品牌的望指数平均得分差距较小，全国性品牌为 0.25 分，区域性品牌为 0.50 分，区域性品牌得分高于全国性品牌，差距同为 0.25

---

① 朱磊主编：《中国房企名望报告（2012—2013）》，暨南大学舆情研究中心，2013 年。

分。可见在网络传播中，区域性品牌的美誉度一般比全国性品牌要好。[①]

表 2　望指数得分表

| 类型 | 望得分 |
| --- | --- |
| 区域性品牌 | 0.50 |
| 全国性品牌 | 0.25 |

数据来源：《中国房企名望报告（2012）》。

从这里可以看出，区域性品牌的美誉度较全国性品牌而言更高。笔者分析，这主要受到以下几方面因素的影响：

其一，全国性品牌由于旗下楼盘较多，若单个楼盘项目的问题没有控制好而蔓延开来产生连锁反应，就极易拉低整体美誉度。因此，全国性品牌在维护自身美誉度时，不仅要做好项目的品牌监控，还要关注舆情，做好品牌形象维护，品牌危机管理尤其重要。

其二，区域性品牌受线下口碑传播影响较强，在一定的区域范围内，通过人们口口相传的形式能够有效地建立信任感，提升自己的美誉度。

好的口碑借助舆论的力量可成为企业生存的基石。"大华集团"作为浙江一家区域性房产企业，其整体知名度并不高，在我们所调查的 40 家企业中总排名第 28 位，处于中等偏下水平。这家企业在过去的 12 年中，仅开发了三个楼盘项目。但就是凭借对这区区三个楼盘的良好建设，大华集团品牌形成了良好的口碑。其媒体美誉度等各项指标均高居行业第 2 位，这从另一个侧面印证了"好酒不怕巷子深"这句古话。

3. 房地产企业领导者对品牌排名有重要影响

知名企业的总排名靠后，这种现象在房企名望排行榜中表现得十分突出。此次榜单中，龙湖地产、SOHO 中国、华润置地三家的名指数排名成绩不俗，但望指数几乎全部垫底。这种指数上的巨大差距，笔者认为主要由以下几个方面因素造成：

其一，房地产领导的一些负面性和争议性的新闻报道，严重影响企业的望指数，造成这种名望两极分化的状况。龙湖地产受到其经营者吴亚军的影响，

---

[①]　朱磊主编：《中国房企名望报告（2012—2013）》，暨南大学舆情研究中心，2013 年。

在"女首富""资产缩水""离婚"等极具噱头的新闻上吸引了大量目光，造成知名度的提升，然而由于其新闻具有一定的负面性和争议性，因此严重影响到了其望指数，造成这种名望两极分化的状况。

其二，企业形象在新媒体平台上的提及率对房地产企业形象的提升有重要贡献。SOHO 中国的名指数得分位列第 9，而微博提及率位列第 2。从数据和来源可以看出，这与 SOHO 中国董事长潘石屹的微博影响力有直接关系。

这些房企经营者不仅以企业经营者的身份出现，也作为知名公众人物受到广泛的关注。媒体报道、微博"大 V"更贴近公众，常常成为人们茶余饭后的谈论对象。作为房产业的明星，他们既是提升企业知名度的传播者，也是影响企业形象的代言人。

4. "名"指数和销售业绩有密切联系

表3　房企销售业界和名望得分的相关分析

|  | 成交金额 | 成交面积 |
|---|---|---|
| 望得分 | − 0.221 | − 0.106 |
| 名得分 | 0.641** | 0.602** |
| 总得分 | 0.278 | 0.365* |

注：*表示 $p < 0.05$，**表示 $p < 0.01$。

数据来源：《中国房企名望报告（2012）》，经笔者重新统计。

笔者将《中国房企名望报告（2012）》中 TOP 40 企业的名望得分与 CRIC 中国房地产测评中心发布的"2012 年度中国房企住宅销售 TOP 50"中对应房企的相关数据进行了相关性分析（见表3），发现：

总体来看，综合名望总得分与成交面积有显著相关，与成交金额相关性不显著。其中，名望总得分与成交面积的相关系数为 0.365，$p < 0.05$，具有显著相关性。

其中，名得分与成交金额以及成交面积的相关性显著。名得分与成交金额的相关系数为 0.641，名得分与成交面积的相关系数为 0.602，二者皆是 $p <$ 0.01，相关性显著。

但是，望得分与成交金额以及成交面积之间没有明显相关性。望得分与成交金额的相关系数为 − 0.221，$p > 0.05$，二者没有明显相关性。望得分与成交

面积的相关系数为 $-0.106$，$p>0.05$，二者无明显相关性。

从以上分析可知，销售业绩高的房企其名望得分也较高，两者呈现正相关关系；销售业绩与名指数的正相关性较强；销售业绩与望指数则没有体现相关关系。

从《中国房地产名望报告》的数据解读来看，中国房企品牌舆情现状并不能够令人满意。究其原因，除了房价高、政策落实难等外部环境因素的影响之外，房企自身应当担负起最主要的责任。房地产企业是衣、食、住、行四大民生领域中不可或缺的行业，其品牌的知名度无疑能够帮助企业获得更多的关注，品牌的美誉度则能够为企业的发展营造良好的口碑。关心民生、肩负责任是企业品牌舆情的长久发展之路。中国房地产品牌的未来竞争，不仅是一场持久的资源争夺战，更是一场关乎名望的舆论战。

事实上，在新媒体环境下，任何人、企业、城市乃至国家，都可以作为一个独立的主体在不同舆论场域中形成自身的品牌价值——名与望。

《孟子·告子下》中记载了战国时期齐国著名思想家淳于髡的一句话："先名实者，为人也；后名实者，自为也。"大意是说重视名誉功业的人，是为了济世救民，而轻视名誉功业的人，则是为了独善其身。这句话对现代企业而言仍有重要的启示和借鉴意义。品牌舆情，既是企业自身良性发展的重要基石，也是企业社会责任的民意体现。深入系统地研究品牌舆情，必将有利于企业改善品牌形象和提升品牌价值。

（原文刊载于《舆情观察（第5辑）》，北京：人民日报出版社，2014年。作者：朱磊、洪杏、李绮莉。有改动）

# 关键意见领袖（KOL）分布式集群管理的路径与方法

## 一、研究背景与目的

"意见领袖"这一词汇在《人民的选择》这本书中首次出现，作者拉扎斯菲尔德等认为，在每个领域和每个公共问题上，都会有某些人最关心这些问题并且对之谈论得最多，这些人可称为"意见领袖"①。意见领袖被当作"正式媒介传播信息、施加影响的桥梁"②。

关键意见领袖（key opinion leader，KOL），目前学界还没有对这一概念的权威定义。在参考了大量文献和案例的情况下，笔者将其定义为拥有更多、更专业、更准确的信息，并且能够对其粉丝产生感染和说服作用，在社群成员中有较大影响力的人。

时趣发布的《2017 移动社交营销十大趋势》中称：2017 年大部分品牌客户在 KOL 的采购预算将占到"媒介预算的 10% 以上"，这代表着一个分水岭。③在人人都是自媒体的时代，KOL 能够通过社交平台快速传播信息，成为品牌营销不可忽略的力量。如今，KOL 不再仅仅局限于明星这一传统意义的意见领袖，达人、专家和品牌的忠实粉丝（简称"忠粉"）共同构成一个 KOL 集群，分布在各个领域、各个层次。

对于品牌来说，KOL 的本质不是营销，而是社交。通过 KOL 传递品牌信息，增强品牌与消费者的互动，搭建与消费者沟通的桥梁才是关键。如何应对 KOL 的变化与发展，如何管理与自身相关的 KOL 分布式集群，成为广告主亟须

---

① ［美］拉扎斯菲尔德、贝雷尔森、高德特著，唐茜译：《人民的选择》（第三版），北京：中国人民大学出版社，2012 年，第 43 页。

② ［美］拉扎斯菲尔德、贝雷尔森、高德特著，唐茜译：《人民的选择》（第三版），北京：中国人民大学出版社，2012 年，第 43 页。

③ 《时趣：KOL 3.0 时代，粉丝的钱要科学地赚》，环球网，https://tech.huanqiu.com/article/9CaKrnK58U3，2017 年 9 月 11 日。

思考和解决的问题。

　　本文将着重研究 KOL 分布式集群化的构建过程，从选择、评估、管理等方面为企业提出 KOL 营销的建议和方法。本文主要采用了探索性研究法和个案分析法。探索性研究法是利用已有的知识和信息，探索、创造新知识，产生出新颖而独特的成果。个案分析法是选中研究对象中的某一对象，加以调查分析，弄清其特性及其发展形成过程的一种研究方法。

## 二、KOL 的分布式集群化

　　最初，KOL 是大众媒体与社会公众的中介。后来，社交媒体逐渐发展，意见领袖与公众之间的交流突破人际传播的局限。随着 KOL 在公众中的地位越来越高，企业开始雇佣意见领袖作为代言人为品牌站台。之后，一部分 KOL 以惊喜官等身份入驻品牌，品牌与 KOL 的关系更加密切。现如今，KOL 不再独立存在，而是朝着分布式集群化的方向发展。从意见领袖到 KOL，再到 KOL 分布式集群，这成为 KOL 发展的一个重要趋势（见图1）。KOL 的分布式集群化不仅加强了 KOL 彼此之间的联系，也为品牌借助 KOL 的力量全方位、多层次地接触用户提供了渠道。

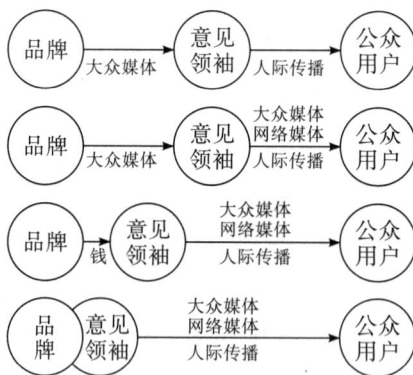

**图1　KOL 变化发展趋势图**

　　以往，KOL 主要是指传统意义上拥有大批粉丝的明星。随着传播渠道愈加多元化，以及网络社交互动性的增强，单个意见领袖的影响力被弱化，大批小众意见领袖迅速崛起（见图2）。达人、专家、品牌的忠实粉丝也逐渐发展为KOL，分布于不同的社群，并在其所属范围内拥有不可忽视的影响力。

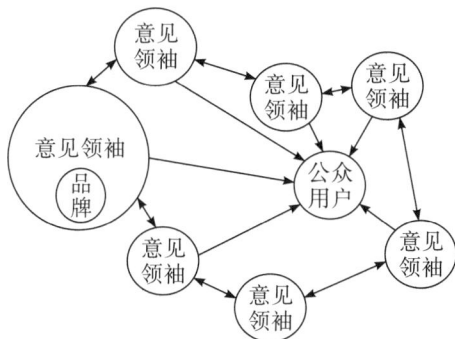

**图 2　KOL 分布式集群发展示意图**

　　新的环境创造新的秩序。KOL 的范围不断扩大，达人、专家、品牌忠粉和传统意见领袖共同构成 KOL 集群。在 KOL 分布式集群中（见图 3），传统意见领袖（明星）依旧居于中心位置，是品牌传播的中坚力量，有着不可撼动的影响力。外围由内到外依次是达人、专家和品牌的忠实粉丝。

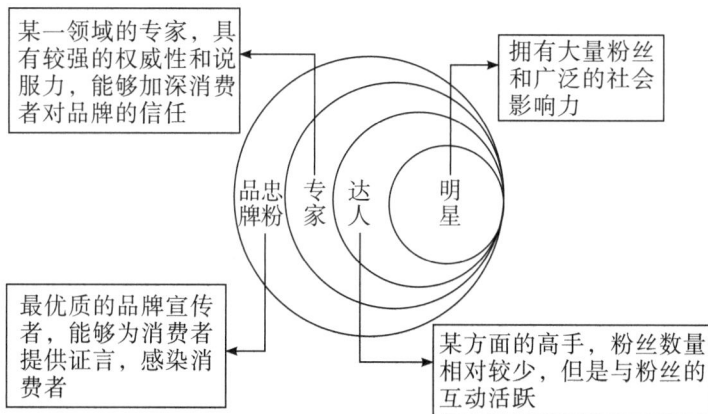

**图 3　KOL 分布式集群图**

　　KOL 的分布式集群化为品牌营销传播提供了新的机遇和选择。品牌降低对明星代言人的依赖性，充分利用分布在各个社群中的 KOL，不仅能够节省费用，还能最大范围地接触目标消费者。发挥不同 KOL 的优势特性，综合利用明星、达人、专家、品牌忠粉的影响力，加强 KOL 之间的联系，通过 KOL 集群的协作化，建立 KOL 传播组合，围绕一个目标组织品牌传播活动，提高营销效率。

### 三、KOL 集群的选择路径

在如今这个社交媒体盛行的时代，只要具备某方面的专业优势，就有机会从零开始聚集自己的粉丝群体，成为 KOL。对于品牌营销来讲，找到 KOL 轻而易举，但是如何在遍地开花的 KOL 中选择适合自身品牌的 KOL，如何组合品牌的 KOL 集群，则是头号难题。

第一步要对消费者市场进行细分。市场是一个复杂且多元的消费需求集合体，找到与自身产品定位相符合的目标消费者，能够帮助品牌在选择 KOL 的过程中最大限度地缩小范围。要选择以目标消费者为主要粉丝力量的 KOL，并将之组合为品牌的 KOL 集群，进行协作传播。

第二步要明确营销传播目标。品牌的营销传播目标根据内容大致可以分为传播目标、经济目标和社会目标。传播目标主要包含传播范围和传播效果，指经过 KOL 的宣传，品牌知名度的变化以及消费者对品牌知觉、记忆、理解、态度、行为等方面的转变。经济目标主要指销售量的变化，即通过 KOL 带来的经济收益或损失。社会目标指 KOL 营销对社会文化的作用和影响，即借助 KOL 所引发的消费观念、道德文化的转变。针对不同营销传播目标宜采用的 KOL 组合策略如表 1 所示。

**表 1　营销传播目标与 KOL 组合**

| 营销传播目标 | KOL 组合 |
| --- | --- |
| 知名度、记忆度、认同度 | 明星＋专家、明星＋达人 |
| 销量变化 | 达人＋品牌忠粉 |
| 消费观念、文化道德 | 明星＋达人＋专家 |

第三步要评估 KOL 的影响力以及 KOL 与品牌的匹配度。品牌真正的意见领袖，不是最火的人，而是最对的人。KOL 的影响力不只取决于粉丝数量，还取决于粉丝质量、KOL 自身特性与品牌形象的匹配度等综合因素。通过对数量、质量、匹配度的多重评估，才能寻找到最合适的 KOL。需全面分析 KOL 的优势和劣势，对 KOL 集群进行优化组合。

第四步要评估 KOL 营销的潜在风险。正面、阳光的 KOL 是最为社会公众广泛接受的形象，但同时也最不具有区分度。自带话题的 KOL 能够引发讨论和关注，但舆论偏向却不易把控。因此，需做好 KOL 营销的风险评估，平衡 KOL 之间的优势与劣势，降低 KOL 营销的风险。

第五步要建立 KOL 规划方案。方案的规划要站在全局的高度，与品牌全年的活动规划相对应。既要考虑到 KOL 的个性特征，营造合适的场景，搭建好 KOL 与消费者沟通的平台，又要提前明确 KOL 与消费者、品牌的关系，设定一整套全面、完善，同时具备一定灵活性的 KOL 组合营销方案。

## 四、KOL 分布式集群的效果测评

以往，KOL 的效果测评依据是以影响力为中心的 KOL 分级评价体系（见图4）。这一评价体系虽然体现了各个层级 KOL 的粉丝号召力，但是无法全面体现 KOL 的营销传播效果。很多 KOL 的话题热度很高，但是商业影响力却不尽如人意。品牌付出高昂的代价与 KOL 签约，粉丝却跨过品牌只关注 KOL，品牌和产品被束之高阁，这样的 KOL 不能成为品牌的有力推广者。

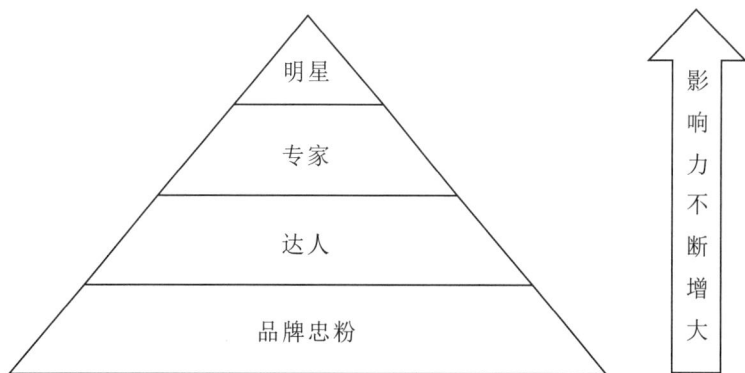

**图4　以影响力为中心的 KOL 评价体系**

分布式集群模式下的 KOL 效果测评从品牌和 KOL 两个维度进行考量，以数量、质量和匹配度作为衡量标准，即 KOL 效果 = 数量 × 质量 × |匹配度|（匹配度的绝对值），全方面、多层次地评估 KOL 的营销传播效果（见表2）。

表 2　KOL 分布式集群效果测评标准

| | | | |
|---|---|---|---|
| 品牌维度 | 营销目的 | 认知、理解、信任、行动 | |
| | 传播阶段 | 导入期、成长期、成熟期、衰退期 | |
| | 用户场景 | 用户何时、在何地、做何事 | |
| | 地域属性 | 全球性、全国性、地域性、区域性 | |
| | 品牌定位 | 高端、中端、低端 | |
| | 品牌调性 | 简约、时尚、古典、新潮、活力…… | |
| | 产品属性 | 感性产品、理性产品、有形产品、无形产品…… | |
| KOL维度 | 数量 | 粉丝量、访问量、评论量、转发量 | |
| | 质量 | 粉丝质量 | KOL 的粉丝与目标消费者的重合度 |
| | | 内容质量 | KOL 的传播内容是否优质 |
| | 匹配度 | KOL 的文字、图片、音频等内容是否符合品牌价值和产品调性，KOL 的影响力是否匹配营销目标 | |

主打"健康管理"功能的运动健身 App Feel 为突出自己的品牌差异化，联合网红借助秒拍等平台直播运动打卡进行宣传，并向微信自媒体大号"一起神回复""她生活"邀稿，以软文的形式植入 Feel 品牌，阅读量均轻松突破 10 万。最后邀请虎扑体育创始人程杭、国际健身形体冠军官加荣、女作家苏岑等专家明星进驻 Feel 平台，借助他们的影响力吸引用户。通过网红直播、定制自媒体大号微信博文和微博"大 V"进驻 Feel 平台的组合拳，Feel 微博平台粉丝激增，打卡项目有效沉淀用户近百万。

图聊软件 Faceu 在推广初期，首先采用了当时因《太子妃升职记》走红的演员于朦胧和《快乐大本营》主持人李维嘉来宣传产品，之后联合微博上的明星、网红使用 Faceu 分享自拍趣事，借助他们的粉丝效应，迅速在目标用户中传播。在吸引关注后，Faceu 借势而上，在微博上发起"#全面吐彩虹#"话题，鼓励大众参与分享，近 8 万人参与讨论，形成了全民使用 Faceu 的狂欢热潮（见图 5）。Faceu 在"明星 + 网红"的一路引领下，鼓励全民互动参与，仅用三天时间就成为 App Store 的免费总榜第一。

**图5 Faceu "#全民吐彩虹#"引发微博热潮**

KOL的营销传播效果从低到高大致可以分为三个层次（见图6）。第一个层次是品牌通过 KOL 在正确的时间和正确的地点遇见消费者；第二个层次是品牌通过 KOL 在正确的时间和正确的地点，用正确的方式感染消费者，说服消费者对品牌产生信任；最高层次的 KOL 营销是在正确的地点和正确的时间，以正确的方式打造正确的场景，让 KOL 和消费者一起狂欢。

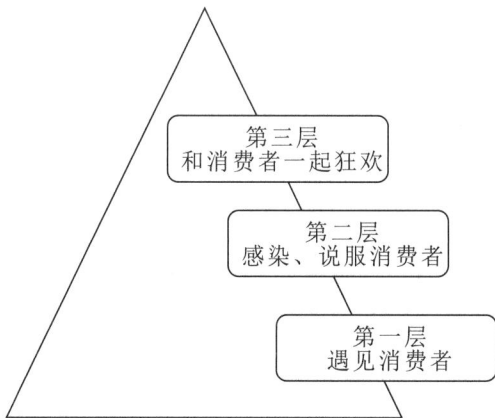

**图6 KOL 分布式集群营销传播效果层次图**

## 五、KOL 的品牌匹配

品牌选择 KOL，一定是由于 KOL 的某一优势或特性与品牌相关。或是 KOL 的粉丝群与品牌的目标消费群体特征相符，或是 KOL 的文字、视频等内容与品牌用户的需求相接近，或是 KOL 的个人形象契合品牌调性且深受大众喜爱……这些都是品牌与 KOL 发生关系的潜在匹配条件。接下来笔者将从正向匹配和反向匹配两个角度来阐释这一关系。

正向匹配，是指从人类惯性的角度出发，从正面思考 KOL 与品牌的关系，正向选择符合品牌调性、受众审美和需求的 KOL。反向匹配，是指从逆向思维的角度思考 KOL 与品牌的关系，从反向选择非完全正面形象或者与品牌无直接关联的 KOL。

### （一）正向匹配

#### 1. 人物匹配

人物匹配是指 KOL 与品牌消费者喜爱的人物形象相符合，即通过采用深受用户喜爱的 KOL 代言或宣传产品，以此引发消费者对品牌的关注。这样的匹配关系能够将粉丝对 KOL 的喜爱转嫁到品牌上。

OPPO 手机以年轻消费群体为主要市场，从最初的莱昂纳多、宋慧乔，到现在的杨洋、李易峰、杨幂、TFBOYS，OPPO 越来越注重代言人的粉丝号召力。2017 年 9 月，OPPO 特别推出 R11 TFBOYS 限量版，根据王俊凯、王源和易烊千玺的应援色推出不同主题的 UI（操作界面），邀请 TFBOYS 成员拍摄《看不见的 TA》微电影，并在定制机相册内放置了微电影的独家剧照。手机一经发售，"阿姨粉"和"小迷妹"组团排队购买，在短时间内便售罄。

#### 2. 内容匹配

内容匹配是指 KOL 的内容与消费者的需求相符合，即品牌通过 KOL 的内容与消费者建立联系，以此来满足受众的内容需求。用户喜欢什么内容，就选择与什么内容相关联的 KOL，把品牌信息"润物细无声"地渗透到 KOL 的文字、图片、语音和视频中。

时尚博主黎贝卡常被称为"买买买教主"，其微信公众号"黎贝卡的异想世界"时常推送关于穿衣搭配、护肤彩妆、日常好物的内容，吸引了大批爱好时尚的女性用户，微信后台拥有超 300 万的粉丝。黎贝卡把粉丝当作闺蜜，用自己的亲身经历向用户推荐产品，深受粉丝的信任和喜爱。2016 年 8 月，黎贝卡联合故宫文化珠宝推出联合款首饰"猫的异想"系列，400 件商品在 20 分钟内售罄①；11 月，又联名推出"故宫·异想 2017"手帐，上线不足 4 小时 10 000 册就全数售罄（见图 7）。据业内人士观察，当天的推送文章发出后，阅读量在 28 000 次的时候销售量就冲破了 7 000 册，转化率高达 25%②。品牌借用 KOL 的优质内容吸引消费者，不仅能够扩大品牌知名度，还能在较高的用户黏性下实现商业变现。

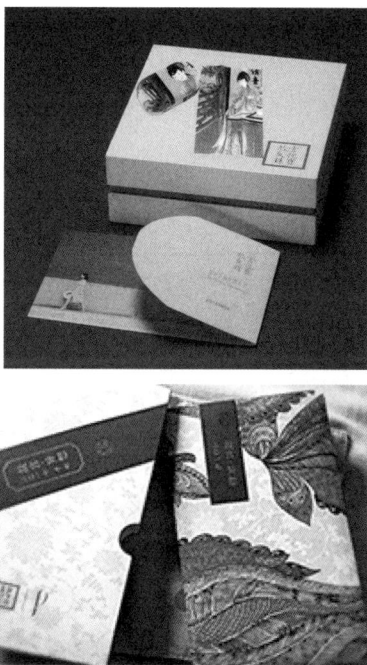

图 7　黎贝卡与故宫合作的"猫的异想"系列
首饰和"故宫·异想 2017"手帐

---

① 王洋：《从首席记者到"买神"，黎贝卡是怎么做到的?》，http://www.adquan.com/post - 2 - 35845. html，2017 年 2 月 23 日。

② 《故宫再度联手时尚 IP 黎贝卡　"故宫·异想 2017"手帐三小时售罄》，http:// fashion. sina. com. cn/1/sn/2016 - 11 - 24/1050/doc - ifxyawmn9971639. shtml，2016 年 11 月 24 日。

3. 场景匹配

场景匹配是指 KOL 所在的平台与消费者所在的平台相符合，即品牌为了接触消费者，在消费者集中的位置选择相应的 KOL。互联网时代，信息渗透无处不在，用户被分割在不同的媒体与平台上。无论是现实场景还是虚拟场景，都要找到受众所在的位置，以受众位置为原点寻找 KOL，在用户熟悉的场景中暴露品牌信息。

2017 年情人节，小米正式宣布推出红米 Note 4X 初音未来限量套装，以初音未来这一虚拟 KOL 作为产品代言人，并选择在哔哩哔哩弹幕网（简称"B 站"）全网独家预售（见图 8）。B 站作为"二次元"文化的集散地，汇聚了大量初音未来的粉丝，很好地匹配了用户的应用场景。小米与初音未来联姻，以 B 站为渠道，将产品、粉丝和购买行为无缝连接在一起，加强了品牌与用户之间的互动沟通。

图 8　小米在 B 站推出红米 Note 4X 初音未来限量套装

## （二）反向匹配

何为反匹配？一是品牌选择有争议性的 KOL 为其站台。正匹配原则下的 KOL 大多阳光有朝气，充满正能量；反匹配原则下的 KOL，个人形象往往充满个性，每次曝光都能自带话题。

2017 年 8 月，视频社交平台陌陌邀请了郑诗慧、YangFanJame、姜思达、SNH48、红花会这些当下既受年轻人欢迎又饱受争议的网红出镜拍摄品牌广告，渴望借此建立一个充满年轻气质，深受年轻人认可的品牌形象。该视频一经投放，便引发热议。

二是 KOL 并不是品牌的直接用户。在某种程度上，女性用品采用男性代言所带来的反响比采用女性代言更加强烈，反之亦然。

2016 年 12 月，美宝莲纽约宣布签约艺人陈伟霆作为品牌最新形象代言人，同时推出 R09 陈伟霆女皇色作为粉丝专属色。12 月 25 日，陈伟霆代言的首款雾感亚光唇膏在天猫首发，R09 陈伟霆女皇色在 20 秒内售罄，创下秒空新奇迹。美宝莲纽约借助陈伟霆的粉丝号召力引发关注，通过男性的形象传达女性品牌的自信、美丽与时尚，为品牌注入了新鲜的活力。

妙用话题明星，巧借粉丝效应，反匹配的逆向思维能够使营销策略更加新颖有趣，从而带来意想不到的结果。

## 六、KOL 分布式集群的管理

"水能载舟，亦能覆舟"，KOL 既能为品牌带来光环，也能给品牌造成麻烦。KOL 的私人生活、行为道德在聚光灯下被无限放大，KOL 的知名度越高，其负面新闻的影响力就越大。

KOL 的分布式集群化发展既是机遇，也是挑战。找到正确的 KOL，进行科学的管理，才能充分发挥 KOL 的优势，有效地规避风险。

### （一）提前做好舆情监测和危机预案

KOL 的风险管理，首要任务就是提前做好舆情监测和危机预案。与 KOL 建立良好的沟通机制，实时关注 KOL，实时监测网络公众的言论和态度，并组织公关团队针对可能发生的风险提早策划危机预案，做到知己知彼，防患于未然。

### （二）选择低风险的 KOL

相对于真人 KOL 难以把控的健康风险和道德风险，风险较低的卡通 KOL 和"二次元"KOL 不失为一个好的选择。微博数据中心发布的《2017 微博二次元发展报告》显示，微博共拥有 1.53 亿名泛"二次元"用户、1 960 万名"二次元"核心用户，

图 9　三只松鼠卡通 KOL

呈现出"高增长、高活跃、年轻化"的特征。坚果品牌"三只松鼠"凭借三只可爱呆萌的松鼠形象（见图 9）深入人心，五月天主唱阿信的潮牌 STAYREAL

在借助明星粉丝效应的同时，还与小黄人、加菲猫、辛普森等卡通人物跨界合作。AlphaGo（阿尔法围棋）作为第一个击败人类职业围棋选手的人工智能程序再次让谷歌成为焦点，它预示着未来人工智能 KOL 的发展方向。

### （三）KOL 风险对冲，组合传播

所有企业都希望通过 KOL 让品牌脱颖而出，但不能把所有的内容都集中到同一个 KOL 身上。KOL 风险对冲的核心意义是去除 KOL 品牌营销的不可控因素，最大限度地降低风险。

特别是在使用高风险、具有争议性的 KOL 之前，要做好充分的市场调研，明确 KOL 是否匹配目标消费群体的喜好，是否具有社会难以接受的人格缺陷，等等，不能为了引爆话题而损害品牌形象。另外，要避免品牌与高风险 KOL 长期绑定，以免日后消费者产生消极联想。

开发多种 KOL 分布渠道，设计各种 KOL 传播组合，根据市场反馈及时调整各类 KOL 的投放比例，加强品牌内 KOL 的沟通与合作，使品牌 KOL 组合能够全面配合，扬长避短，优势互补。

在人人都是自媒体的时代，KOL 能够通过社交平台快速传播信息，成为品牌营销不可忽视的力量。在移动社交碎片化的环境中，KOL 不再仅仅局限于明星，逐渐扩展为明星、达人、专家、品牌忠粉的多层级结构，KOL 分布式集群化已经成为一种发展趋势。分布式集群的 KOL 发展模式，使 KOL 拥有既独立又统一的双重地位，即每一个层级的 KOL 是分布式的，分别在不同的专业领域和不同的粉丝社群中拥有不可替代的影响力；但是 KOL 之间的关系不是隔绝的，而是协作化的，能够共同为了品牌的营销目标通力合作。对于品牌而言，用发展的眼光看待问题，准确把握 KOL 的发展趋势至关重要。要明确品牌营销传播目标，进而选择和评估 KOL，建立完善的 KOL 规划方案，努力维系好品牌、KOL、消费者三者的关系，做好 KOL 分布式集群的管理工作。

笔者本次主要针对 KOL 的分布式集群管理提出了一些观点与看法。社会不断发展，新事物层出不穷，品牌与 KOL 的合作模式也会在实践中不断丰富与发展，关于 KOL 的学术探讨也应更加完善。

（原文刊载于《南方传媒研究》2017 年第 5 期。原题为"KOL 分布式集群管理的路径与方法"。作者：朱磊、崔瑶。有改动）

# 跨场景"短视频电商"的消费行为模式、兴起原因及其发展趋势

## 一、研究背景与目的

从 2016 年美拍、秒拍、小咖秀红人经营网店，到 2017 年抖音、淘宝强势"带货"，"短视频电商"模式正在国内迅速崛起。短视频平台电商化，抑或电商平台短视频化，同时涌现出一大批短视频电商平台。目前，"短视频电商"的发展中有四个趋势特别值得关注。第一，短视频用户规模继续扩大，使用时长不断增加。根据中国互联网络信息中心发布的第 42 次《中国互联网络发展状况统计报告》，截至 2018 年 6 月，各个热门短视频应用的用户总规模达 5.94 亿，占整体网民规模的 74.1%；合并短视频应用的网络视频用户使用率高达 88.7%，用户规模达 7.11 亿。[1] QuestMobile 发布的《中国移动互联网 2018 秋季大报告》显示，截至 2018 年 9 月，国内短视频月活规模达 5.18 亿人，短视频用户总使用时长占比 8.8%，与在线视频的 9% 几乎持平。[2] 第二，短视频平台电商化趋势明显，竞争白热化。2018 年，短视频市场仍是"两超多强"（抖音、快手为"两超"，西瓜视频、火山小视频等为"多强"）的分布态势，各平台都在寻求更加深入的电商合作。2018 年 3 月，抖音尝试加入淘宝链接，5 月上线自有店铺，6 月联手京东；快手则于 6 月与有赞合作，打造"快手小店"，实现了 App 内购买。[3] 短视频平台电商化正成为热门趋势，快手、抖音、秒拍等短视频平台作为巨型流量端口，直接对接电商将加速流量变现。第三，电商领域短视频增长迅猛，自家平台发展迅速。电商以自身平台为基础，增加短视频入口，提升内容容量。以京东和淘宝为例，2017 年，超过 50% 的京东商城活跃用

① 中国互联网络信息中心：《第 42 次〈中国互联网络发展状况统计报告〉》，2018 年 8 月。

② QuestMobile：《中国移动互联网 2018 秋季大报告》，2018 年 10 月。

③ 李卓、刘洋：《短视频电商卷土重来？》，http://www.nbd.com.cn/articles/2018 - 07 - 16/1235655.html，2018 年 7 月 16 日。

户为商品短视频用户，其商品短视频数量及播放量已进入快速增长期。[①] 淘宝方面，其公开信息显示，截至 2018 年 8 月，淘宝短视频日播放量超过 19 亿，42% 的淘宝商品实现了短视频化。[②] 第四，专门性的电商短视频平台正快速发展。一批电商类短视频 App 陆续上线。如鹿刻、刷刷看和花卷商城等。它们的共同点是具有电商属性，以短视频为单一或主要呈现形式，以商品展示为核心，以消费购物为最终导向。总体来看，"短视频电商"的崛起呈现多类型融合、多角度发展、多方位竞争的特点。"短视频电商"还处在初级发展阶段，还需要继续磨合。

本文将从"短视频电商"传播的跨场景特征和平台端口出发，探讨"短视频电商"的消费行为模式、主要类型及代表平台；从短视频的传播特质、电商的营销诉求及相关传播理论出发，分析"短视频电商"崛起的原因、发展趋势、风险以及其对传统广告业务模式的影响。

## 二、"短视频电商"的消费行为模式和平台类型

短视频电商的消费行为模式不同以往的消费行为模式。本文从跨场景视角出发，提出"短视频电商"消费行为模式——WLCSBCS。该模型将消费者短视频购物的过程分为看（watch）、赞（like）、点（click）、选（choose）、买（buy）、评（comment）、转（share）七个步骤，对应"观影""社交"和"购物"三个场景。消费者通过赞、点、评、转等线上社交行为，链接观影场景和购物场景，从而实现行为转化。WLCSBCS 模式是一个循环式的完整闭环，从观影、购物，再到观影，消费者以无缝对接形式在内容—商品—内容间跳转。因此 WLCSBCS 模式横跨内容消费、社交沟通和在线购物三个不同场景，将用户、产品和内容三者有机地连接起来。需要说明的是，这三个场景相互重叠，也可以互相转化，互为流量入口。（见图 1）

———————————

①　京东数据研究院、京东用户体验设计部：《2017 京东商品短视频数据研究报告》，2017 年 11 月。

②　师浩天：《短视频 + 电商 APP 兴起，商品和内容谁更重要？》，钛媒体，http://www.tmtpost.com/ 3498425.html，2018 年 9 月 27 日。

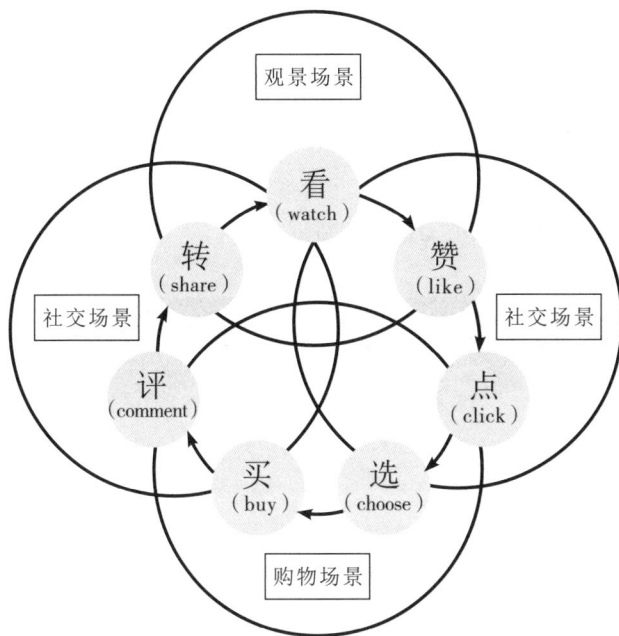

**图 1　跨场景视角下的"短视频电商"消费行为模式——WLCSBCS**

"短视频电商"根据基础平台及接入端口的不同，大致可以分为"短视频平台 + 电商""电商平台 + 短视频"和短视频电商平台三种类型。

第一类是"短视频平台 + 电商"。该类型以短视频 App 为基础平台，其中接入电商端口。平台视频创作、内容分享的核心属性不变，电商属性则通过视频内弹出式链接和内置商城等多种形式出现。快手的"我的小店"（见图 2）、美拍的"边看边买"功能，抖音以及今日头条的自有店铺都是该类型"短视频电商"的代表。

**图 2　快手 App 内置"我的小店"**

第二类是"电商平台 + 短视频"。该类型以电商移动 App、PC 客户端为基础平台，通过新增商品短视频窗口、搭建短视频子商城等方式，将短视频整合进原系统中。短视频主要起到强化商品展示的作用，主体仍是电商，目的是优化消费者购物体验。以淘宝、京东、苏宁头号买家为典型代表，其具体表现如下：一是在商品页添加短视频介绍；二是架设短视频购物端口，如淘宝的哇哦视频（见图 3）、京东商城发现板块的视频区。

**图 3　淘宝哇哦视频"今日精选"分区**

第三类是短视频电商平台。该类型以短视频导购为核心，围绕"物"创作、发布视频，强调短视频、电商的双重身份，电商和短视频接口合二为一，观看与购物不分主次。该类型的代表有阿里的鹿刻、刷刷看、花卷商城。它们都可归类为生活购物类短视频 App，具有综合性特征：既是专门性的电商平台，又保持了较强的内容性，在内容和商品间找寻到了平衡点。

## 三、"短视频电商"崛起的原因

短视频传播特性与电商营销诉求高度黏合，是"短视频电商"崛起的最直接原因。短视频内容的场景性、趣味性以及多级传播的放大效应与社交电商的高转化率、低风险性特质的契合，使二者的结合成为必然。从产品层面来看，"短视频电商"崛起的直接原因，可以概括为以下四点。第一，"剧场"对接

"卖场"。短视频相比文字与图片，更直观，更具临场感；形式多样，能承载更多的信息量。短视频内容能塑造更接近现实的卖场，给人以真实性冲击。这不仅丰富了商品的展示空间，更能引导消费者从屏幕前走到屏幕中，从"剧场"幕后走到台前。比如西安回民街的网红小吃，土家族村寨的摔碗酒，让许多人在看过相关短视频后，决定亲自前往，一探究竟。第二，轻量带动流量。短视频很多只有十几秒，一般不超过 5 分钟。节奏轻快，内容轻量的轻荷载形式更易带动流量，产生眼球效应。一旦内容具备爆点、炒点，就可能使短短几秒钟的信息瞬间被放大。① 很多短视频仅仅是对某一商品的某一功能的简单展示，却能抓住观看者的注意力，迅速传播扩散。第三，心动引发行动。观看短视频的愉悦过程可以让消费者更容易接受广告行为和促销行为，认同短视频中商品带来的体验与感受，促使消费者通过满足物质需求，满足更大程度的精神需求。放松的观看状态使消费者更乐于听取意见，缩短了其从心动到行动的时间。一些短视频可以让消费者在哈哈大笑之后迅速转入搜索购买状态，"快乐"逐渐商品化，变得可供复制。第四，消遣诱导消费。短视频极易带动情绪，引起冲动消费。抖音的电商化尝试就是将消费群体、流行文化、购买欲求三者相契合，运用简单的蒙太奇，搭配魔性的流行音乐，加上优质的内容，充分调动观看者情绪。消费者在成就需要、求廉需要、社交需要、求异需要②等冲动消费因素的影响下，在与短视频的强情感共鸣下产生消费。

从用户场景和消费语境视角来看，"短视频电商"的崛起有着更深层次的原因。第一，场景融合导致边看边购。短视频电商化、电商短视频化打破了各自场景属性的边界，影像与购物之间的区隔正在消失。移动场景营销时代，跨场景营销成为常态。电商 App 和短视频 App 通过已有功能的扩展、内容端口的整合和 App 间的联动，正在消除彼此场景的边界，帮助消费者塑造新的消费习惯。消费者更加关注内容本身而非场景区隔，关注消费过程的整体体验而非单一的购买行为，边看边购的消费模式正在形成。第二，感性思维助长冲动消费。短视频往往使消费者的理性让位于感性，内容认同让位于逻辑判断。短视频相比以往的电视购物和在线购物，内容更轻、时长更短、传播更快也更诱人。它

---

① 严小芳：《移动短视频的传播特性和媒体机遇》，《东南传播》2016 年第 2 期，第 90 -
92 页。

② 李艺、杨月：《当代大学生非理性消费行为归因研究》，《沈阳工业大学学报》（社会科学版）2014 年第 5 期，第 428 - 434 页。

剥夺了消费者理性思考的机会，更容易让人产生冲动购物的意愿。当感性战胜理性之时，内容背后堆积的情绪将鼓励个人采取更加偏激的行为，更加容易产生冲动消费。感性与欲望代替理性和克制，成为当下"短视频电商"消费的话语框架。第三，用户内容参与场景建造。移动场景时代，消费者完成了从"受众"到"用户"，从单向度接收到双向度沟通的转向。消费者从"观看者"转变为"搭建者"，主动参与营销场景建造。用户内容成为消费者自我认识和企业了解用户、挖掘用户的重要工具，为企业吸引用户、界定目标人群、标识场景区隔提供重要参考。用户在过程中不断地重新定义场景，也在重新定义自身①，换而言之，用户与内容组成营销传播的双核心。同时，动态化场景区隔将替代传统的人口统计学因素，成为划分用户群体的主要依据。第四，线上线下实现虚实共生。"短视频电商"把虚拟场景与现实场景拼贴在一起，促使其融合共生。典型的例子就是传统零售行业的直播化、短视频化。虚拟与现实的销售场景开始相互靠拢，一面是线上的电子交易，一面是线下的现实售卖。例如广东四会玉器市场里的"直播"卖家，一边处理直播网单，一边应对现实顾客，虚拟与现实的交易在这里没有隔阂，同时发生。但"短视频电商"不是虚拟与现实结合的最终形式，只是虚拟现实（VR）购物的过渡版本。随着5G网络的普及，终端设备的轻量化，未来利用 VR、AR（增强现实）甚至 MR（介导现实）进行购物终将被消费者接受。

## 四、"短视频电商"的发展趋势及其对传统广告业务的影响

"媒体＋电商"呈现社交化、内容化、场景化、视频化及基于大数据的发展特征。② 未来三年内，"短视频电商"有四个趋势不容忽视。第一，电商短视频化进程的加速。电商平台正加快短视频化进程。淘宝总裁蒋凡曾公开表示，未来淘宝上可能90%的内容都将用视频的方式来承载。京东、苏宁易购等电商巨头在2018年也不断发力，通过与短视频机构合作、打造自有短视频商城等方式提高自身短视频模块的集成度。电商将进一步通过短视频化，打通内容与商

① 朱磊、邓之祺：《从用户区分到场景区隔——基于价值观和生活形态量表的 VR 用户研究》，《中国媒体发展研究报告》（2015 年年刊），第 271－283 页。
② 黄楚新、闫文瑞：《智能互联时代媒体融合新模式："媒体＋电商"》，《新闻论坛》2018 年第 5 期，第 26－29 页。

品的渠道，完成以用户和内容为双核心的战略转型。第二，专业性内容生产的增加。行业性的"短视频电商"内容生产及供应链已初具雏形，内容将成为未来"短视频电商"的核心驱动力和硬实力，"短视频电商"内容生产的专业化趋势将更加明显，PGC（专业生产内容）模式将成为"短视频电商"内容输出的主要模式，形成"PGC＋UGC（用户生产内容）"的内容生产分工，专业与多元并存。[①] 第三，人工智能与 AI 识别技术赋能。"短视频电商"可以运用 AI 图像识别技术对短视频中的场景、人物、物体等进行动态捕捉，建立数据库并深度学习，生成动态化的大数据算法。当需要准确进行场景搭建、架设互动端口和识别目标人群时，人工智能就能通过这套自主更新的系统为"短视频电商"提供分析工具、数据支持和内容呈现。第四，短视频、直播与在线视频的融合。短视频和直播以集锦、直播录像等形式存在于在线视频网站中，如 B 站中的快手吃播集锦；在线视频以节选片段等形式在短视频中二次传播，如春晚小品的经典桥段在短视频平台疯传。这些现象的背后是消费者在短视频、直播和在线视频之间的流动。不同影像与购物行为的嫁接模式开始耦合，直播、短视频和在线视频间将通过流量共享，搭建传播跳板，实现用户扩容。

由此，"短视频电商"对传统广告业务模式势必产生重要影响，主要表现为以下三点。第一，从广告生态和产业链来看，"短视频电商"模式进一步加剧去乙方化趋势。这里乙方是指坚持传统广告业务模式的广告公司。"短视频电商"带来的流量共享、数据整合和内容互连，使甲方能更全面、更直接地了解市场和理解消费者，比如淘宝、京东都有属于自己的数据分析部和消费者行为研究部，数据直接来自平台，其市场敏锐程度和洞察力相比以往大大提高，不断向乙方的专业性和权威性提出挑战。第二，在业务人才需求方面，全案策划需求进一步弱化，内容生产人才需求增加。内容作为"短视频电商"的核心生产力，需要优秀内容生产人才的持续支持，市场需求巨大。同时，去乙方化趋势下的传统广告公司的业务转型，加剧了全案策划人才需求与内容生产人才需求之间的不平衡，市场目前急需能同时驾驭图像工具、掌握数据解读和运用商业头脑的"全息式"人才。第三，在业务需求方面，短视频内容、制作外包需求增加。目前有越来越多的单位和公司将短视频业务外包给专业团队经营，或

———————————

① 王晓鑫：《新媒体环境下"抖音"短视频的传播内容分析》，《新媒体研究》2018 年第 12 期，第 32 – 33 页。

委托影视公司参与运作。短视频的井喷式发展将催生更多专业的短视频内容创作、发布及运营团队，以满足社会日益增加的短视频内容需求。

## 五、"短视频电商"存在的风险与对策

任何新的商业模式都隐藏着风险。"短视频电商"须警惕三大风险：

首先，要警惕平台假货泛滥，夸大宣传，导致政策收紧。传播虚假商品信息，夸大商品宣传等现象经过几轮整顿有所收敛，但仍层出不穷，导致政策有所收紧。对此，相关平台方应遵守相关政策，完善"短视频电商"内容监管细则，落实短视频发布实名认证机制，对上架商品资质进行严审。

其次，警惕"短视频电商"内容良莠不齐现象死灰复燃。目前仍有大量短视频缺乏文化特质和价值内涵：内容低俗，充斥性隐喻；内容恶搞，追求无厘头；内容荒诞，引起观看不适。这些视频满足了大众的猎奇心理，却容易导致一种文化萎靡。对此，"短视频电商"应推动品质化内容生产，建构更加准确高效的内容上传、内容发布及内容推送算法体系，通过技术净化内容池，优化"短视频电商"内容生产。

最后，警惕"短视频电商"供应链盲目投入和扩张而导致产能过剩。"短视频电商"市场竞争白热化，头部效应明显；供给侧快速扩张，面临资本过热，产能过剩的风险。资本助推下，不断有"新人"入局，但同时淘汰概率增加，投资需更加谨慎。"短视频电商"的参与者应提高市场嗅觉，保持理性，共同营造健康良性的平台环境。

（原文刊载于《南方传媒研究》2018 年第 6 期。原题为"'短视频电商'模式的兴起及其发展趋势"。作者：朱磊、郑昌茂。有改动）

# 跨场景公益广告效果评估指标体系构建研究

## 一、概念界定与研究问题

公益广告的定义可以从狭义和广义两个方面去理解。借用"广告"的定义，狭义的公益广告就是明示的广告主针对特定的用户，就有关公益的观念或行为，利用付费或管理可能的媒体，进行的一种告知或说服活动。而广义的公益广告可以涵盖更多方面。任何组织或个人，通过生产和分享公益信息或产品，利用任何媒体手段，将某种公益观念或行为传递给其他用户，促使人们关注、检索、体验和分享，这类公益广告在形式上更接近公益活动。无论是狭义还是广义的公益广告，它们的最终目的都是为了促使人们摒弃陈旧观念，树立正确价值观，培养良好行为习惯，维系社会良性发展。本文中所说的公益广告效果评估，是指评价和测量公益广告目标实现的程度。公益广告的目标在广告活动实施之前设定，包括用户到达、用户认知、用户态度、用户行动以及其他相关定性和定量指标。

我国现代意义的公益广告经过 30 多年的发展，整体水平已有了一定的提升，尤其是广播电视类公益广告发展迅猛。2017 年，全国各级广电媒体公益广告体量不断增长，现象级优秀作品不断涌现。2017 年 12 月召开的"中国广电公益广告大会"发布的数据显示，截至 2017 年前三季度，中央播出机构共制作公益广告 217 条，累计播出时长 768 872.7 分钟；各省级广电媒体累计制作公益广告 111 853 条，播出总时长 31 106 246 分钟。① 此外，公益广告也逐步得到网民的关注，暨南大学公益传播研究中心 2017 年底发布的《公益传播影响力年度报告》研究发现，在 2013—2017 年 5 年间，公益广告的公众关注程度呈平稳波动且逐年小幅增长的趋势。②

---

① 中国广电公益广告大会暨全国广电公益广告论坛：《2017 年中国广电公益广告发展研究报告》，2017 年 12 月 13 日。

② 中国广电公益广告大会暨全国广电公益广告论坛：《公益传播影响力年度报告》（2017年版），2017 年 12 月 13 日。

虽然我国公益广告经过 30 多年的发展，在各个方面都有了很大提升，但是在公益广告效果评估方面，理论研究仍未能满足日益增长的实践需求，缺乏一套科学有效且适用于各类渠道和场景的效果评估体系。如何构建公正、科学、有效的公益广告效果评估体系，这是在当前公益广告发展过程中亟须考虑的现实问题。

## 二、我国公益广告效果评估中存在的问题

在线上和线下融合、移动与固定交织的场景中，用户接触到的公益广告传播平台日益多样，除了纸媒、电视、广播、网站等传统平台传播外，还能延伸至微博、微信等移动社交媒体平台。在这些社交平台上，用户接触媒介的习惯和场景都发生了变化，这就给跨媒体、跨场景环境下公益广告的传播效果评估带来了巨大的挑战。就现阶段而言，评估指标的科学性、评估对象的全面性、评估体系的持续性、评估结果的公开性和透明性等问题都是目前我国公益广告效果评估实践中亟须解决的重要问题。

### （一）缺乏科学和持续性的评估指标

目前，我国公益广告缺乏一套符合国情、规范科学且有持续性的标准化效果评估体系。虽有平台方提供的广告效果评估数据，但这些大多属于最基础的短期效果指标或是媒体效果指标，并非真正意义上的广告效果指标。公益广告的目的主要是传递公益观念和公益行为，更重视长期持续的、潜移默化的传播效果，但我国目前的效果评估体系中缺乏对公益广告长期效果的关注。

此外，现有的对传播效果的评估指标缺乏科学性，评估手段不够专业，用户在接收公益广告传播内容的同时，还受外界其他环境的影响，其自身经历也会影响行为的变化，这就给广告效果评估带来了挑战。目前公益广告的效果评估缺少将此类干扰因素排除的科学手段。同时，现有的评估手段过于主观，定性评价较多，缺少量化指标，在进行效果评估时，描述性语言较多，能够转化为数据的内容太少，容易导致评估结果不够客观。

### （二）缺少对评估对象的全盘考量

由于传播平台的多样化，我国目前有电视、广播、网络、户外等不同类型

的公益广告，每种类型的公益广告都有针对各自特点的效果评估指标，但是没有一套效果评估体系能够适用于所有类型的公益广告。这就使公益广告的效果评估受到限制，由于平台之间的融合和联系，公益广告的投放不再局限于一种平台，通过用户生产内容、自建平台、主动投放等手段，在电视上播放的公益广告同样可以在网站、社交平台上传播，在网站上投放的公益广告内容还可以和户外广告、线下活动结合，形成线上线下联动。面对这种变化，只适用于一种传播平台的效果评估体系已有很大局限性，如果对评估对象缺少全盘的考量，沿用过于单一的评估指标，就很难客观、全面地评估公益广告效果。在公益广告效果评估中，广告主大多重视对直接投放平台传播效果的监测，但容易忽视公益广告的二次传播效果，特别是传统平台公益广告主对社交平台的用户反馈未能予以充分重视，缺乏对相关监测数据的收集。

**（三）缺乏公益广告效果评估公开机制**

目前我国公益广告效果评估缺少公开透明的发布机制，公民对于公益广告的传播效果难以知晓。现阶段，我国公益广告的资金来源主要依靠政府出资、广告公司的"义举"和少数企业的短期投入，其中政府的无偿支持占了很大一部分。[①] 不论是政府出资，还是公益组织、企业或个人的投入，公益广告都需要对出资的组织或个体（包括纳税人）负责，经费用在了哪里，达到了什么样的效果，都需要公开说明。特别是由行政机关发布的公益广告，大多"涉及公民、法人或者其他组织切身利益"，"需要社会公众广泛知晓或者参与"，依照《中华人民共和国政府信息公开条例》公布公益广告评估结果，不仅有助于公众关注、信任和理解公益广告主题，还可提升公益广告的二次传播效果。

由于目前我国缺少公益广告效果评估公开机制，各组织机构对公益广告的效果评估意识不强，不重视公益广告的效果评估和结果发布，导致多数人不清楚制作公益广告的经费是怎样使用的，是否达到了预期的效果。

## 三、公益广告效果评估指标体系

商业广告推销的主要是产品和服务，而公益广告传达的主要是观念和行为，

---

① 2015 广告监管及指导广告业发展专家型人才培训班第二课题组：《对公益广告发展现状及发展方向的思考》，《中国工商报》，2015 年 11 月 24 日第 7 版。

两者提供的广告内容不同，对广告效果的评估手段与方法也有所不同。广告效果是广告目标达成的程度，广告效果的评估也需要基于广告目标来完成。公益广告的目标是通过向用户传递公益观念和行为从而提升用户的公益意识，促成用户的公益行动。

参照以往广告效果评估指标模型和消费者行为模型，我们提出了公益广告效果评估指标的五个基本层级：到达、认知、态度、行动、关联。具体而言，首先，公益广告需要让用户进入广告场景，有机会接触到广告，这就是公益广告的到达效果；然后让用户关注到公益广告的存在，这是认知效果；用户对公益广告的内容产生好感且理解和认同，这是态度效果；用户产生搜索、互动、响应、分享等行为，这就是行动效果；最后，广告产生的影响还会涉及广告参与执行者、发布者、赞助者以及决策者，我们称之为公益广告的关联效果。公益广告效果评估指标体系可以围绕这五个层级展开（见图1）。

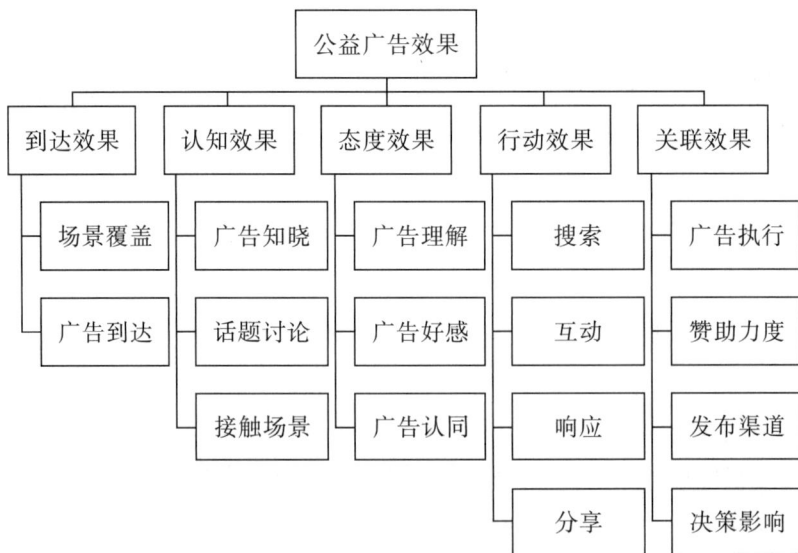

```
                        公益广告效果
       ┌──────┬──────┬──────┬──────┬──────┐
    到达效果  认知效果  态度效果  行动效果  关联效果
       │      │      │      │      │      │
    场景覆盖  广告知晓  广告理解  搜索   广告执行
       │      │      │      │      │
    广告到达  话题讨论  广告好感  互动   赞助力度
              │      │      │      │
           接触场景  广告认同  响应   发布渠道
                            │      │
                           分享   决策影响
```

**图 1  公益广告效果评估指标体系**

**（一）到达效果**

"到达"是指进入广告场景，有机会接触到广告的用户数量和质量。本质上来说，"到达"属于媒体效果，而非广告本身的效果。在公益广告效果评估指标体系中，"到达"包括"场景到达"和"广告到达"两个方面，其中"场景到达"的相关指标有媒体投放时长（版面大小）、媒体可覆盖人群数量和质量、网页浏览量、页面停留时间等；"广告到达"的相关指标有广告收视率（收听率、阅读率）、网络广告曝光率等。"到达"阶段的主要评估方法有网站分析、调查法、实验法（眼动追踪）等。

### （二）认知效果

"认知"是指用户对公益广告及广告内容的知晓程度，也就是公益广告本身对用户认知的影响程度。主要评估指标包括广告知晓率和知晓渠道、广告话题讨论数、广告内容关注程度、知晓程度等。认知阶段主要的量化评估方法包括网站分析、调查法、实验法，定性方法有小组座谈和社群聆听等。公益广告内容通过不断暴露，引起用户关注，引发用户对公益广告话题的讨论，从而改变用户对公益观念的认知。认知效果的评估还可分为公益广告传播前、传播中和传播后三个阶段实施，对比用户对广告传播观念的认知变化可以评估公益广告对用户认知的影响。如公益广告《孩子不是你的缩小版，儿童要用儿童药》意在号召全社会关注儿童安全用药问题，我们可以通过问卷调查或实验研究等方法考察在观看该广告后是否有更多用户开始关注儿童安全用药这一问题，观看该广告的用户对"应重视儿童安全用药"的认知是否发生了变化，从而评估其广告效果。

### （三）态度效果

态度层面的效果是指公益广告对好感度、理解度和认同度等目标的达成程度。"态度"阶段的主要评估指标有广告好感度、广告内容正确回答率/理解度、广告认同度等。主要评估方法有调查法、实验法、社群聆听、心理测量等。广告内容正确回答率即用户观看广告后正确回答某一问题的比例。如前例《孩子不是你的缩小版，儿童要用儿童药》广告中，用户在关注公益广告之后，正确回答关于"儿童应该如何用药？"这一问题的比例较广告前及广告中的阶段有所上升，上升的这部分差值就是该公益广告实现的态度效果。

评估公益广告在态度层面的效果的另一指标是广告认同度，即用户对公益广告传递的价值主张认可的程度。可通过社群聆听、调查法或实验法等手段测量用户观看广告前、后的情绪和态度变化，评估广告内容是否引起用户对某一公益观念态度的变化（历时性比较）；还可以通过对比看过某广告的用户和没看过该广告的用户对同一公益观念的态度来评估公益广告对用户态度的影响（共时性比较）。

**（四）行动效果**

公益广告传递的价值主张不仅要改变或维护用户原有的思想，还要试图引起用户行为的变化。公益广告传递的是观念和行为，通过改变用户观念促成行为，是公益广告的最终目标，也是评估公益广告效果的一项重要指标。我们发现，公益广告的行动效果指标可细分为搜索、互动、响应、分享四种类型。

首先是搜索行为。该指标可以用关键词搜索量、活动网站访问量、百度指数或微信指数来评估。健康类公益广告、明星出演的公益广告往往更能引起用户的主动检索。以器官捐献为主题的公益广告为例，当用户观看《妈妈的心跳》，接受其表达的主题——"器官捐献——爱，让心跳不止"后，就有可能产生主动搜索的行为。在广告投放期间，"器官捐献"关键词的搜索量、器官捐献志愿者登记网站的访问量都是评估该公益广告引起用户行为变化的有效指标。搜索行为分为有效搜索和无效搜索。那些明星出演的公益广告，用户有时会搜索参演广告的明星人物，如果这种搜索行为不是公益广告原本的目的，且搜索结果不能和公益广告主题有关联，那就是一种无效搜索行为，应该从公益广告效果中排除。明星出演的公益广告，传播的重点不是明星的公益形象，而是公益主题和内容。因此，关键是公众记住了哪些公益口号，接收了哪些公益观念，而不是记住明星本身。

其次是互动行为。通过来电来函记录、网站分析等方法收集用户的来电、来函、评论、点赞、重播和下载等行为，以此来评估用户的互动行为。以2017年央视春晚公益广告《等·到》为例，截至2017年11月30日，《等·到》的视频播放总量达1 169 407次，但评论量仅有24 758条。可以发现该广告的播放量和评论量尚有一定差距，仅有2%的用户将对该公益广告的关注和兴趣转化为"评论"行为。

再次是响应行为。用户关注到公益广告并产生兴趣后，需要评估的就是用户是否将公益广告传递的观念和行为转化为自身的行为规范，即用户对公益诉求的现实响应。主要评估指标有活动参与数、响应行动转化率、公益产品付费用户数量和金额。常用评估方法有调查法、网站分析和销售数据分析等。在响应阶段，如果用户接受"器官捐献——爱，让心跳不止"这一广告价值主张后，在器官捐献志愿者登记网进行了登记，这就是一种有效的响应行为。响应行为是公益广告效果评估中最重要的行为效果指标之一。

最后是分享行为。此处的分享包括线上的转发分享，也包括在线下向他人提及广告相关信息。如 2017 年的"小朋友画廊"公益传播活动就是一个分享性较强的案例，截至 2017 年 8 月 29 日 14 时 30 分，该活动已募集到超过 1 500 万元善款，共有 580 多万人参与募捐。其中绝大多数用户不仅通过"一元购画"实现了公益行动，还把内容转发到朋友圈完成分享行为。线上分享行为的测量用网站分析即可实现，线下分享行为的评价可以通过问卷调查法实现。

### （五）关联效果

公益广告的目的除了改变个人的行为或观念外，还要力图形成深远的社会影响，因此有些在一般广告效果测定中不被重视的指标可以在公益广告活动中加以利用。关联效果的评估主要包括四个方面：广告执行（广告主、导演、明星的声望）、赞助力度（赞助金额、赞助商地位）、发布渠道（媒体地位、投放规模）、决策影响（政策变化）。例如，2017 年《光荣与梦想——我们的中国梦》系列公益片因众多明星出演，迅速引起了用户的关注。通过对参演广告明星的社交圈评论内容进行分析，就能够了解该公益广告引起了网民用户多大兴趣，对哪些方面有兴趣。关联效果评估数据一般通过广告合作方、第三方数据报告等渠道来获得。

公益广告所处的时代在变迁，所在的场景在变化，用户标签被不断刷新。准确把握我们的时代特征、场景特点和用户特质，重构公益广告效果评估指标体系，这是当前公益广告实践活动中的重要任务，也是公益广告理论建设中的重大课题。本文将公益广告效果核心指标分解为到达、认知、态度、行动、关联五个层次，是对公益广告效果指标体系的初步构思和设想。我们期待这一指标体系能够在公益广告实践中得到运用，并在实践中不断发展和完善，以期对构建适合我国国情的跨场景公益广告效果评估指标体系有所裨益。

（原文刊载于《南方电视学刊》2018 年第 1 期。作者：朱磊、曹琳爽。有改动）

# 面向未来的数字户外场景

...  ...

# 户外 LED 屏幕的媒体特性及其发展趋势

## 一、户外 LED 广告的媒体特性

户外 LED（light-emitting-diode，发光二极管）广告，是指以不特定多数人为对象，在一定时间内，在户外特定场所运用大型 LED 屏幕给予受众以视听觉刺激的户外广告媒体形式。相对于其他类型的户外广告媒体，户外 LED 广告在国内的发展历史较短，尚不足 10 年时间。但作为一种先进的广告实践理念，动态的户外广告早在 20 世纪初就已经兴起于世界各地了。1893 年芝加哥世博会上，霓虹灯作为新发明首次登场。1910 年第一支商业霓虹灯于巴黎皇宫大厦亮相。1962 年，美国通用电气公司的职员尼克·霍洛尼亚克（Nick Holonyak Jr.）制成了世界第一支红光 LED，到了 20 世纪 70 年代，低发光效率的 LED 开始运用于指示灯、数字和文字显示。1993 年，日本科学家中村修二发明了蓝光 LED，使得 LED 全彩显示屏的生产成为可能。随着 LED 技术的普及和制造的低成本化，LED 全彩显示屏在全球迅速发展起来，成为户外广告发布的最佳载体。比起静态户外广告，户外 LED 广告兼具视听功能，白天黑夜不间断运营，同时技术成本不断降低，具有明显优势。可以预见的是，户外 LED 广告将逐渐取代传统静态户外广告形态，成为户外广告主流，这一点毋庸置疑。

目前，随着户外 LED 屏幕的不断普及，户外 LED 广告市场则仍然处于高速增长期，也是户外广告市场关注的一个重要细分领域。EnfoDesk 易观智库产业数据库《中国户外电子屏广告市场年度综合报告 2011》和《2011 年第 4 季度中国户外电子屏广告市场监测报告》显示，2010 年户外 LED 广告市场收入规模达 9 亿元人民币，与 2009 年相比，同比增长 45.7%[①]；2011 年达 12.15 亿元，同比增长 35.5%[②]。根据行业预测，2012 年户外 LED 广告的市场收入规模将达到

---

[①] EnfoDesk 易观智库：《中国户外电子屏广告市场年度综合报告 2011》，易观，http://www.analysys.cn/article/analysis/detail/10290，2011 年 8 月 5 日。

[②] EnfoDesk 易观智库：《2011 年第 4 季度中国户外电子屏广告市场监测报告》，易观，http://www.analysys.cn/article/analysis/detail/5484，2015 年 3 月 11 日。

15.5 亿元，同比增长 27.6% 。[①]

纵观整个户外广告行业，2011 年我国户外广告投放总额达 515 亿元，同比增长 14% ，远低于 LED 户外广告的增速。[②] 由此可见，户外 LED 广告具有良好的发展前景，将成为户外广告市场一个重要的增长点。

作为户外广告和 LED 技术的结合体，户外 LED 广告兼具二者形态特征，具有以下媒体特性：

一是位置固定，可成为区域标志。一般来说，户外 LED 广告必须选取一个固定的空间进行广告展示。正因为这一特性，户外 LED 广告可以其强烈的视觉冲击力引起高注目率，成为都市区域的地理标志，从而对消费者进行定时、定点传播，实现广告反复诉求。

二是表现形式多样，可塑性强。户外 LED 彩色屏幕利用其高超的声光科技，通过电脑控制，可以展现各种图文动画，利用各种形式进行广告展示：既可以展示静态画面，也可以展示动画；既可以展示二维画面，也可以展示三维立体画面，全天候呈现精彩纷呈的效果。

除了自身可进行形式创意设计以外，LED 还可以和其他材料联合起来，如霓虹灯、电灯泡、喷绘灯箱等，采用多元化组合精心设计，在同一个广告中加以应用，看上去动感十足，给人以赏心悦目的感受。

三是到达率高，广告效果好。户外 LED 广告直接、简捷，全天候发布，频次高，专门针对固定区域的特定目标受众，通过策略性的媒介安排和分布，户外 LED 广告能创造出理想的到达率。

四是受外形限制较大。LED 显示屏往往置于楼宇外墙、大型交通工具或独立置于公共场所，造价成本较高，一旦建成，其尺寸和高度往往已经固定，在上面投放广告必须考虑到屏幕的硬件参数，否则就难以达到良好的广告效果。[③]

---

① 根据慧聪 LED 屏网调研报告，2019 年 LED 户外广告屏市场规模为 114.0 亿元，2020 年市场规模达到最高峰将为 114.3 亿元。引自《数据披露 2015—2018 年 LED 户外广告屏应用市场规模 2019—2023 年预测》，https://baijiahao.baidu.com/s?id=1654343846739716964&wfr=spider&for=pc，2019 年 12 月 30 日。

② 钟毅、王丹波：《LED 户外广告今年可望达 15.5 亿元》，《第一财经日报》，2012 年 5 月 10 日。

③ ［日］清水公一著，胡晓云、朱磊、张姮译：《广告理论与战略》（第 13 版），北京：北京大学出版社，2005 年，第 157 页。

## 二、户外 LED 广告的传播优势

户外 LED 广告的媒体特性决定了户外 LED 广告巨大的传播优势：

第一，行动媒体。如果说手机是移动媒体，那户外 LED 广告就可以称为"行动媒体"。当然，这并不是指 LED 广告本身可以移动，而是 LED 屏幕往往放置在公共场所，如繁华商业街路口、大型商场门前、交通干道两侧等人流量、车流量大的地方。如此便能诉求于行动群体，覆盖行动路径，在消费者行动过程中进行广告推送，从而对消费者的消费行为构成直接的影响。

第二，现实性媒体。电视媒体处于私密的室内，受众在看电视时往往没有直接的消费需求，难以集中精神看广告。户外 LED 广告就不同了，即使是播放与电视广告同样的内容，户外 LED 广告以其巨大的屏幕和黄金商圈的位置提升了广告的开放度，能够在现实场景中和受众交流，更真实、更有临场感，而目前最新的 3D 技术进一步提升了广告效果。如此消费者的购物欲望被激发，对品牌产生好感，并且能够沉醉于 LED 广告营造出的良好购物环境中。①

第三，反复诉求型媒体。整合营销传播（IMC）理论的先驱唐·E. 舒尔茨认为营销传播的手段关键是"接触点"，即如何整合资源从而更有效地接触到消费者。日本电通公司基于对 IMC 理论的实践，进一步深化了"接触点"理论，即"用合适的媒介，通过恰当的手段，在正确的时间与消费者进行品牌沟通"，旨在影响消费者的行为，而不仅仅是引起消费者的注意。② 而户外 LED 广告正是一种能够做到"在正确的时间与消费者进行品牌沟通"的媒体形态。所处的优势地理位置，决定了它可以按照消费者的行动路径（例如工作日上下班、节假日购物）进行广告的反复投放，进行一定的强迫诉求，从而实现广告的传播效果。

第四，集客型媒体。与传统大众媒体受众分散的现状不同，大型户外 LED 广告以其高注目率成为城市区域地标，大型 LED 屏幕下方往往成为人们集会的场所。大量人群聚集在屏幕面前，可以对屏幕播放的广告产生高频率强制性的反复接触，而又不受广告内容制作本身的影响，如此可以有效提升广告到达率。

---

① ［日］《电通广告事典》编撰组编：《电通广告事典》，电通公司，2001 年，第 96 页。

② 许颖：《接触点管理模式及其传播学透视》，《国际新闻界》2005 年第 2 期，第 32 - 37 页。

传统广告主较为重视媒介组合的性价比，而今天的广告主更为重视媒介的接触点。在这一点上，户外 LED 广告能够担当起接触点营销的重任，有效改变态度，唤起行为，提升用户满足度。

## 三、户外 LED 广告的制约因素

任何广告媒体都不可能十全十美，户外 LED 广告也不例外。它有以下一些制约因素值得关注：

第一，技术制约。LED 技术发展日新月异，目前 LED 上游技术尚处于快速发展阶段。技术改进是一个持续和相对快速的过程，而投资成本高、周期长的现状加大了 LED 广告媒体的运营风险。广告表现形式的创新如何适应 LED 技术的创新，这是 LED 广告媒体运营商必须面临的课题。

此外，户外 LED 广告也受到互动技术的影响，随着网络技术的不断发展，户外 LED 广告与其他媒体相结合进行互动营销，成为一种新的发展趋势。人屏互动、微博直播、隔空遥指等技术已经成为现实。但需要注意的是，户外 LED 广告往往要依靠手机等媒体中介来实现。这就意味着 LED 屏幕广告效果会受到其他媒体技术发展水平的制约。

第二，环境制约。LED 屏幕只有放置在核心商业区等车流量、人流量大的地段才能起到广告效果，因此受城市规划建设影响较大。除此之外，LED 广告还受天气、周边道路环境和城市建筑工事等不可控因素的影响。

第三，内容制约。并不是所有的广告都适合在户外 LED 媒体上进行投放。相对于传统广告媒体，户外 LED 广告环境嘈杂，干扰因素多，不容受众进行深入思考，因此更适合告知性广告诉求，比如企业和品牌的形象广告。而说服性诉求的广告需要诉求产品与竞争对手产品的差异性及优越性，受众需进行比较和鉴别，因此更适合传统广告媒体，比如报纸。

第四，信息量制约。正如前面所述，因为 LED 屏幕所处的环境较为拥挤嘈杂，受众的注意力难以长时间集中，如果广告信息量过大，受众很难完全记住，传播效果就会打折扣。

## 四、适合户外 LED 媒体的传播内容

不是所有内容都适合在户外 LED 屏幕上投放，户外 LED 屏幕所处的媒介环

境很大程度上影响了其传播内容：

首先，公共信息推送。户外 LED 是处在公共空间的媒体，应当在一定程度上担当起公共媒体的职责。其所传播的公共信息具体又分为常态和非常态两种：常态信息包括时间显示、天气预报、正点新闻播报等；非常态信息包括大型体育比赛的实况转播，灾害信息播报等。

其次，组织形象传播。作为广告信息传播平台，户外 LED 主要播放告知型诉求的广告，比如城市形象宣传片，企业和品牌形象广告等。

最后，活动促销信息。作为活动促销信息平台，户外 LED 主要担任活动开闭幕式、建设项目落成典礼、公司开业典礼、新品现场促销等活动的播放任务。

## 五、户外 LED 广告市场的发展趋势

户外 LED 广告媒体一方面具有良好的商业价值，另一方面，LED 技术以其节能高效、性能稳定、展示美观等特点获得了政府的支持，而各城市对户外传统广告牌的政策管控，也给具有良好替代效应的户外 LED 屏幕以更多的发展机遇。可以想见，户外 LED 广告市场会进一步受到广告主的关注，从而实现高速扩张的目标。

具体说来，以下几个因素可为户外 LED 广告市场的激活创造条件：

一是广告表现手法的进化。比起传统媒体，户外媒体天然的创新空间更大，可以交叉利用各种技术手段激发出令人印象深刻的广告创意。

二是 LED 技术的不断革新。LED 技术正处在高速发展阶段，技术的革新必将带来媒体的创新，从而创造出更有价值的广告形式。例如，3D（三维）技术在 LED 屏幕上的运用必将延伸到户外广告当中。夏普公司于 2005 年开发出左、中、右三方向显示不同影像的"三重显示液晶"，该技术未来也可以用于户外广告屏，向不同方向的行人提供不同的广告信息。

三是城市街区的开发。中国社会科学院发布的社会蓝皮书《2012 年中国社会形势分析与预测》指出，2011 年中国历史上第一次城市人口超过乡村人口，城市化水平超过 50%。目前我国的城市化正处于加速期，比照发达国家 70% 的城市化率和发展趋势，中国的城市化进程还有 30 年的高速成长空间。

目前，户外 LED 广告的投放市场主要在一、二线城市。而随着三、四线城市街区的进一步开发，必将为户外 LED 广告提供更广阔的发展疆域。

四是地标性建筑的增加。户外广告是城市现代化的标志，随着都市市区的不断扩张，新的商业圈不断建设起来，城市地标的增多为户外 LED 屏幕的建设工程提供了良好的契机。

## 六、国内户外 LED 广告市场的问题

目前，我国户外 LED 广告在快速发展过程中也存在着一些问题亟待解决：

第一，缺乏统一的价值评估标准。目前国内的户外 LED 广告媒体价值缺乏第三方机构设立统一的评估标准，各大 LED 媒体公司在媒体位置、媒体规格、媒体可视距离等参数的评估上各自为政、自说自话，如此对于广告主的广告有效投放具有一定阻碍作用。

第二，广告效果评估指标单一。评价户外 LED 广告的效果，不仅要计算到达率，还要计算注目率、理解率、行动率等其他参数。但目前多数户外 LED 广告的效果评估仅停留在到达人次方面，且数据注水情况严重，未能和国际标准接轨。

第三，信息发布监管不力。户外 LED 广告媒体作为公共空间中有巨大影响力的媒体，其传播效果不亚于传统媒体。传统媒体需要申请信息发布许可证，而户外 LED 广告却继续沿用户外广告登记制度。[①] 为 LED 媒体的信息发布设立有力的监管方，对公共空间的保护来讲是十分必要的。并且，广告媒体在这方面的违纪并非没有先例：2011 年 10 月，合肥闹市区的一块 LED 屏幕在将近一个月的时间里公然播放不雅视频片段，引起市民投诉。监管部门应对媒体租赁方进行资质审核，并把户外 LED 媒体纳入城市应急信息的发布管理体制当中去。

（原文刊载于《传媒》2012 年第 7 期。作者：朱磊、李素倩。有改动）

---

[①] 《户外广告登记管理规定》已于 2016 年废止。近年来，户外广告监管除了沿用《中华人民共和国广告法》之外，还强化了内部审核机制。此外，各地的户外广告法规也不尽相同。

# 户外 LED 媒体信息安全问题及对策

随着科技的发展，新媒体正以锐不可当之势深深地融入我们的生活，也给传媒业带来巨大而深刻的变革。LED 技术从 20 世纪 90 年代开始进入普及和高速发展时期，时至今日，全彩 LED 显示屏已经成为全球举足轻重的新型信息展示媒体，上有"世界十字路口"之称的纽约时代广场，下有普通乡镇的小型商业区，LED 显示屏都吸引着无数路人的目光。

作为一种融合了新媒体技术与户外广告发布形式的新兴传播载体，户外LED 屏幕正在城市商业区、生活区、办公区等人流密集的地方实时传递着各种各样的信息。但是，在风光背后却存在着户外 LED 媒体监管不力、发展失控的不争事实：2008 年 10 月 27 日，贵阳市某中学的电子屏幕播放色情视频长达 20 分钟;[①] 2010 年 6 月 17 日，兰州某大厦前的电子屏幕突然开启并播出色情视频……类似事件时有发生，其影响之恶劣，令人震惊。[②]

因此，面对 LED 媒体逐步占据越来越多城市空间和市场份额的迅猛势头，LED 媒体从业人员的严格自律和素质提高，以及监管部门的安全意识和管理制度就显得尤为重要。

## 一、户外 LED 媒体存在信息安全威胁

在户外 LED 媒体的信息监管体系仍徘徊在不完善的起步阶段时，户外 LED 媒体仍然一刻不停地高速发展着。表现在如下几个方面：

第一，城市空间的不断覆盖。目前，户外 LED 屏幕主要建设在一、二线城市，而且集中在大型商圈和生活圈，未来随着三、四线城市街区的进一步开发以及户外 LED 广告的分众化趋势进一步加强，户外 LED 屏幕必将获得更广阔的传播空间和社会影响力。

---

① 《中学大屏幕上课时放"黄片"长达 20 多分钟》，金黔在线－贵州商报，http://edu.gog.cn/system/2008/11/05/010395781.shtml，2008 年 11 月 5 日。

② 《兰州西关十字一街头电子屏幕夜播"黄片"惊呆路人》，每日甘肃网－兰州晨报，http://gansu.gansudaily.com.cn/system/2010/06/19/011596234.shtml，2010 年 6 月 19 日。

第二，LED技术的不断革新。3D技术、多向液晶显示技术、多媒体互动投影技术等的开发和在LED媒体上的逐步运用必将进一步优化户外LED媒体的传播效果。

第三，媒体融合时代的媒体联网。全媒体融合多种媒体信息，通过多种媒介形态，实时传输到多种用户终端，打破了时间、地点、接收方式等的界限。这种媒体融合趋势极大地延伸了LED媒体传播的广度和深度，也激活了其强大的互动性。

LED媒体迅猛的发展势头得益于其媒体特性完美地迎合了当今媒介社会中信息传播"短平快"的需求，为信息传播者提供了一个直接面对公众、高效传播信息、广泛聚合受众的良好信息发布平台。这样蓬勃的发展势头无疑为户外LED媒体的发展带来了无限生机与可能，但同时也带来了越来越多的不确定性，这势必将给相关监管工作带来前所未有的挑战。当户外LED媒体的发展速度远远领先于与其配套的监管制度的发展时，安全信息危机一旦出现，局面就有失控的可能。

据《江南晚报》于2012年6月22日的报道，河南省平顶山市和平大道德克士餐厅门口大屏幕在6月19日晚播放色情视频近20分钟①；据《新京报》于2012年10月8日的报道，北京地铁5号线内电视屏幕在10月7日突然显示"王鹏你妹"四个字②……近年来，类似这样滥用户外LED屏幕发布信息的事故屡现于报端，这揭示了一个巨大的信息安全隐患——我国现行的信息安全保障体系极度脆弱，不堪一击。试想，如果在闹市中的LED显示屏幕播放的不是色情影片、"恶搞"信息，而是个人隐私、企业机密、国家机密甚至反社会信息……后果将不堪设想。这些不安全信息一旦发布于户外LED媒体，必将迅速产生空前巨大的传播效果，引发多米诺骨牌式的负面社会影响。更有甚者，某些居心不良者也可能会利用它传播不良信息，制造各种事端。

## 二、媒介安全视角下的户外LED媒体特性分析

为更好地实现户外LED媒体的监管，必须明确户外LED媒体的主体特性、

---

① 《市中心大屏幕放A片》，《江南晚报》，2012年6月22日。
② 《北京地铁回应"王鹏你妹"事件：系学员误操作》，《新京报》，2012年10月8日。

业务特性和媒体自身特性，有针对性地探究和防范其中存在的安全威胁。

首先，户外 LED 媒体主体的多元化带来了监管责任归属的不明确。户外 LED 媒体的所有者一般是大厦楼宇的所有者，他们决定了 LED 屏幕的规格和位置；其经营者一般是广告公司或者媒体公司，他们通过向 LED 屏幕所有者租赁 LED 屏幕的方式获得屏幕的使用权，具体实施信息发布；户外 LED 媒体信息内容来源于广告主，主要包括商家、政府、媒体或个人，他们通过经营者这一中介向外发布信息；而其媒体使用的监管者既包括上述众多业务流程内的主体，也包括相关的上级监管部门。

其次，户外 LED 媒体的业务流程缺乏严密的监督体系。实际上，户外 LED 媒体业务流程中的每个环节都存在监管漏洞。在户外 LED 屏幕的建设阶段，业主须向城管部门提出申请，审批通过后才能实施建设，可是由于相关的法律法规对户外 LED 广告的设置缺乏细节上的明确规定，例如建筑外墙的使用空间和使用形式的规范、播放时间与屏幕亮度就是盲点，因此在审批过程中弹性非常大。在户外广告发布阶段，国家工商总局发布了《户外广告登记管理规定》来进行广告监管，可是这仅仅是针对户外广告登记而言，并没有明确户外广告内容的设置规定。在具体内容的设置与发布阶段，《中华人民共和国广告法》第三十三条规定：户外广告的设置规划和管理办法，由当地县级以上地方人民政府组织广告监督管理、城市建设、环境保护、公安等有关部门制定。[①] 监管权力如此分散的结果必定是这些相关部门之间互相推诿，导致办事效率低下，监管效果甚微。整个户外 LED 媒体的业务流程缺乏监管的结果就是，广告内容设置与信息发布选择随意性非常大。

最后，作为户外广告和 LED 技术的结合体，户外 LED 屏幕的媒体特性一旦被居心不良者利用，恶劣影响便会传播甚广。尤其以下三个户外 LED 屏幕媒体特性与信息安全有密切关系。

第一，定式反复诉求。户外 LED 媒体具有定位、定向、定时传播的特点，能针对街区特点和人流车流情况实现全天候的滚动播放，容易导致不良信息的反复播放。据 Digital outdoor advertising 网站的报道，2005 年 1 月印度新德里机

---

① 《中华人民共和国广告法》自 1994 年通过并于 1995 年施行以来，经 2015 年的修订和 2018 年的修正，现该法第四十一条规定：县级以上地方人民政府应当组织有关部门加强对利用户外场所、空间、设施等发布户外广告的监督管理，制定户外广告设置规划和安全要求。户外广告的管理办法，由地方性法规、地方政府规章规定。

场所有的显示器同时播放成人电影，并滚动播放将近 20 分钟，当时正值机场人流高峰，造成广泛的负面社会影响。

第二，强烈视觉冲击。户外 LED 媒体的表现形式十分多样，可塑性强。除了自身可进行形式创意设计以外，LED 还可以和其他材料联合起来，如霓虹灯、电灯泡、喷绘灯箱等。[①] 其本身的自发光式动态画面，可以引起高注目率和记忆率，容易导致非安全信息一旦发布，信息就高效传播并深度植入观众印象。据 Digital outdoor advertising 网站的报道，2009 年 3 月，一部色情电影出现在英国 Tesco（乐购）超市的 20 个电视屏幕上，给当时在超市里的消费者带来强烈冲击，事后很长一段时间内这次事件都是人们热论的话题。

第三，动态观众群体。户外 LED 媒体具有天然的高信息开放度和高现实结合度。其利用巨大屏幕和黄金位置直接与大规模流动人群进行互动，能获得相当高的信息浏览人次，同时信息容易形成二次传播。只要信息被消费者认可和记忆，便可以通过流动人群进行发散式的人际传播，扩大影响力。与传统大众媒体受众分散的现状不同，大型户外 LED 屏幕以其高引人注目性成为城市区域地标并聚集大量人气，因此其下方往往成为人们集合、汇聚的场所，若用以播放恶意信息，影响极度恶劣。据 Digital outdoor advertising 网站的报道，2010 年 1 月，莫斯科中心的一个主要交通干道上的户外 LED 大屏幕突然播放色情电影，造成长时间的交通拥堵，也引起了公众的愤怒和媒体的广泛报道。

## 三、户外 LED 媒体信息安全威胁的成因

面对严峻的户外媒体信息安全形势，无论国内还是国外，都还没有形成一套行之有效的媒体信息监管体系。其主因有四个方面[②]：

第一，监管制度建设相对滞后。目前，户外广告的管理没有细化到户外媒体的各个业务环节，监管责任没有落实到具体哪个部门负责哪项工作，管理内容没有落实到明确具体的每个技术环节和业务环节的规范标准。因此必须加强、完善制度的建设，及时弥补监管漏洞。

---

① 朱磊、李素倩：《户外 LED 屏幕的媒体特性及其发展趋势》，《传媒》2012 年第 7 期，第 10 – 12 页。

② 近年来，随着媒体审核、监管机制的完善，户外媒体信息的刊播日趋规范，户外 LED 屏幕的"误播"现象已大幅减少。

第二，部分经营部门管理意识薄弱。户外 LED 媒体的主要经营部门是广告公司，广告公司并没有在户外媒体信息安全方面投入足够的精力，很多公司对防火墙的设置、内部监管制度等多方面工作并没有给予足够的重视。

第三，突发事件应对能力不足。一方面，对户外 LED 媒体缺乏全天候的实时监控，因此很难在第一时间对信息安全事故作出反应；另一方面，户外媒体信息安全事故没有直接的负责部门，若没有准备应急预案，一旦出现险情，必然会影响其响应效率。

第四，经营部门人员业务素养良莠不齐。部分户外 LED 屏幕相关企业对员工要求不高，缺乏系统培训，只求低成本地完成所需工作内容，导致其操作人员、管理人员技术不过硬，安全意识不强，业务能力不精，职业素养低下。

## 四、户外 LED 媒体信息安全威胁的形式

户外 LED 的特殊媒体特性与业务流程中的监管漏洞，让其面临来自三个方面的潜在信息安全威胁。

第一，非法使用，即非户外 LED 媒体业务流程涉及的其他人员有预谋地侵入媒体内部，进行恶意信息发布或者信息窃取与破坏，其形式包括线上侵入和线下侵入。在网络信息时代，网络系统的硬件、软件及其系统中的数据都可以由于偶然或恶意的原因而遭到破坏、更改、泄露。作为联机、联网操作的媒体形式，户外 LED 媒体也面临着来自黑客等的侵入。除了高科技形式的蓄意破坏，也有原始方法的媒体侵入，即直接潜入信息发布操作区域，手动进行信息窃取或篡改。

第二，授权侵犯，指由户外 LED 媒体业务流程涉及的内部工作人员的操作失误或蓄意破坏而造成的信息侵犯形式。前者主要指由于错误链接电脑、打开错误文件等无意为之的信息发布故障；后者主要指因"监守自盗"式的滥用职权产生的信息侵犯行为。

第三，病毒感染。计算机病毒在《中华人民共和国计算机信息系统安全保护条例》中被明确定义，指编制或者在计算机程序中插入的破坏计算机功能或者破坏数据，影响计算机使用，并能够自我复制的一组计算机指令或者程序代码。现在流行的病毒主要是人为故意编写的，其制造者出于各式各样的原因进行病毒制造和传播。其中最应该防范的是出于政治、军事、宗教、民族等原因

而专门编写的病毒，因为此类信息内容相当敏感，传播迅速，影响极度恶劣。

笔者根据相关资料大致整理了 2005—2012 年国内外户外 LED 媒体发生的信息安全事件，如表 1 所示。

表 1　2005—2012 年国内外户外 LED 媒体（含电视屏）
信息安全事件统计表（不完全统计）

| 时间 | 国内主要恶意事故数量 | 国外主要黑客恶意入侵户外 LED 媒体事件数量 |
|---|---|---|
| 2005 年 | 0 | 1 |
| 2006 年 | 不详 | 不详 |
| 2007 年 | 0 | 3 |
| 2008 年 | 1 | 3 |
| 2009 年 | 0 | 5 |
| 2010 年 | 1 | 2 |
| 2011 年 | 4 | 不详 |
| 2012 年 | 3 | 不详 |

资料来源：网络资料、媒体报道。

## 五、户外 LED 媒体信息管理与信息安全对策

针对国内的户外 LED 媒体信息安全现状，我们必须努力完成以下工作，为户外 LED 媒体的发展保驾护航。

第一，完善审核制度。户外 LED 媒体从设计建设，到经营管理，再到信息发布，整个户外信息发布业务流程的每个环节都必须有明确的监管部门和完善的监管制度。

第二，建立信息发布许可制度。只有严格规定和审核户外 LED 媒体的信息发布权，对拥有信息发布资格的企业和单位定期进行考核，才能确保户外 LED 媒体信息的规范化传播。户外 LED 媒体内容的先审后发机制也是很有必要的，需制定完备的信息发布原则，对不良信息实行备案。

第三，建立户外 LED 媒体舆情监测体系。只有通过户外 LED 媒体内置的信息数据采集或外置的监视系统，实时监测其发布的信息，才能有效控制不良或不法信息的传播。同时，也能在户外 LED 媒体出现信息安全危情的时候，第一时间采取应对措施。

第四，建立户外 LED 应急信息发布平台。这个平台的设计与建立，可以帮助监管部门在个体 LED 屏幕出现故障或者信息安全事故的时候，第一时间切换画面或者关闭系统，及时阻断不良信息的传播。

第五，建立户外 LED 信息安全管理问责制度。问责制简单地说就是追究责任的制度，它是特定的问责主体针对公共责任承担者履行职责和义务的情况实施的，并要求其承担不利后果的一种制度。[①] 户外 LED 媒体的信息采集、加工、审核、发布这一系列过程涉及各个层面的操作者和管理者，只有明确每项工作的确切负责人和相对应的奖惩机制，才能保证他们更好地履行自己的职责和义务，维护户外 LED 媒体的正常运作和信息安全。

（原文刊载于《传媒》2013 年第 4 期。作者：朱磊、廖桂铭。有改动）

---

① 周亚越：《行政问责制研究》，北京：中国检察出版社，2006 年，第 33 页。

# 面向未来的户外媒体价值评估系统

## 一、户外媒体价值评估：从客户中心到用户中心

近年来，户外媒体的价值重新受到业界关注，各方都致力于开发更具公信力的户外媒体价值评估体系。然而，户外媒体所处的环境发生了日新月异的变化：传播路径，从单屏到多屏；传播内容，从整体到碎片；传播对象，从受众到用户；评估技术，从单纯的抽样调查到包含大数据分析在内的混合调查。户外媒体的传播环境、传播路径、传播内容、传播对象，乃至媒体价值评估的数据体量，无一不在变化之中。在这一背景下，传统的户外媒体价值评估体系受到了前所未有的挑战。看清户外媒体当下身在何处之后，我们不得不思考：户外媒体价值评估将去向何方？

随着数据量及复杂程度的提高，户外媒体价值评估的理念也在发生变化。根据对数据利用目的的不同，大致可以将户外媒体价值评估分为三个阶段：第一阶段，可称为"客户中心时代"，使用计算机来储存客户所需的媒体基础数据，利用数据的目的是为了生成客户所需的数据和分析数据；第二阶段，可称为"媒体中心时代"，利用数据的目的是进行媒体价值评价或媒体排期管理；第三阶段，就是"用户中心时代"，即使用数据分析媒体用户价值，其数据类型包括结构化数据和非结构化数据，数据量更大也更加复杂。这一阶段利用数据的目的则是分析户外媒体用户行动及其影响因素，最终帮助客户实现媒体价值最优化利用。这个阶段，大数据分析成为不可缺少的手段，例如国外运营商（如 Verizon、AT&T、NTT）等利用其大数据资源，帮助客户分析户外场景下用户的行为。综上，笔者认为，基于分布式数据评估户外媒体，提升识别用户、连接用户、邀约用户的能力是户外媒体价值评估的未来发展趋势。

## 二、户外媒体价值评估关键词：场景与邀约

大数据背景下的户外媒体价值评估，离不开两个关键词："场景"和"邀

约"。场景原指戏剧、电影等艺术作品中的场面，在社会学、传播学、城市社会学等领域，有着不同的内涵和外延。早在 19 世纪 80 年代，约书亚·梅罗维茨在研究电子媒介对社会行为的影响时，就提出了印刷场景、电子场景等概念。他把场景看成是融合物质场所和媒介"场所"的一个信息系统，并认为"地点和媒介同为人们构筑了交往模式和社会信息传播模式"①。

然而，迄今为止，场景仍然没有一个能够被普遍认可的可操作定义。我们在这里所说的场景，是指在一定时空范围内，人、物、背景、环境及其相互关系的各要素的总和。譬如，当我们谈论户外媒体时，行人、车辆、店铺、墙体、LED 媒体、天气等都是构成现实场景的基本要素。而在户外媒体覆盖范围内行人的在线搜索、支付及社交行为与户外 LED 等设备中通过数字化呈现的人、物和情境，则构成了虚拟场景的要素。现实和虚拟场景通过户外媒体这一中介发生关联，在叠加和互动的过程中产生新的价值，正是大数据赋予"场景"的意义所在。

无论是哪一类场景，都离不开流动。正如约书亚·梅罗维茨所言，"对人们交往的性质起决定作用的并不是物质场地本身，而是信息流动的模式"②。流动的模式，决定了场景的价值。在影视场景，我们关注的是影像的流动；在城市空间场景中，我们关注人和物的流动；在媒体场景中，我们关注信息的流动；而在户外媒体（特别是户外数字屏幕）的场景中，我们应当关注的是数据的流动。所谓数据的流动，就是用户数据在不同时空下的变动，既包括特定场景中用户数据在不同时间的变化，也包括特定用户（群）数据在不同场景下的变化。

约书亚·梅罗维茨认为，给定场景中特定角色的相互接受能力取决于相互之间的认识。③ 因此，在构建好场景之后，我们需要缩短与目标用户之间在认知上的距离，发出主动邀约。

邀约是我们以往评价户外媒体价值时较少提及的用语。我们认为邀约是一个重要指标。这里所说的邀约（engagement），在英文中原本是订婚、婚约、约

---

① ［美］约书亚·梅罗维茨著，肖志军译：《消失的地域：电子媒介对社会行为的影响》，北京：清华大学出版社，2002 年，第 34 页。

② ［美］约书亚·梅罗维茨著，肖志军译：《消失的地域：电子媒介对社会行为的影响》，北京：清华大学出版社，2002 年，第 33 页。

③ ［美］约书亚·梅罗维茨著，肖志军译：《消失的地域：电子媒介对社会行为的影响》，北京：清华大学出版社，2002 年，第 37 页。

定的意思，21 世纪初被用于广告效果评估领域，但在学界、业界一直有不同的解读和定义。早在 2006 年春，美国广告研究基金会（ARF）就对 engagement 进行了专业上的定义：通过周边的媒介环境来强化或激活品牌概念。笔者将 engagement 译成邀约，是指户外媒体识别用户，连接用户，最终激发用户的检索、分享、交互体验和消费等行为。从笔者的一次调研结果来看，户外广告中不同类型组合的邀约信息所能唤起用户的行动类型和程度是不同的（见图 1）。同样，户外媒体也不例外，不同场景下不同户外媒体的邀约能力也是不同的。

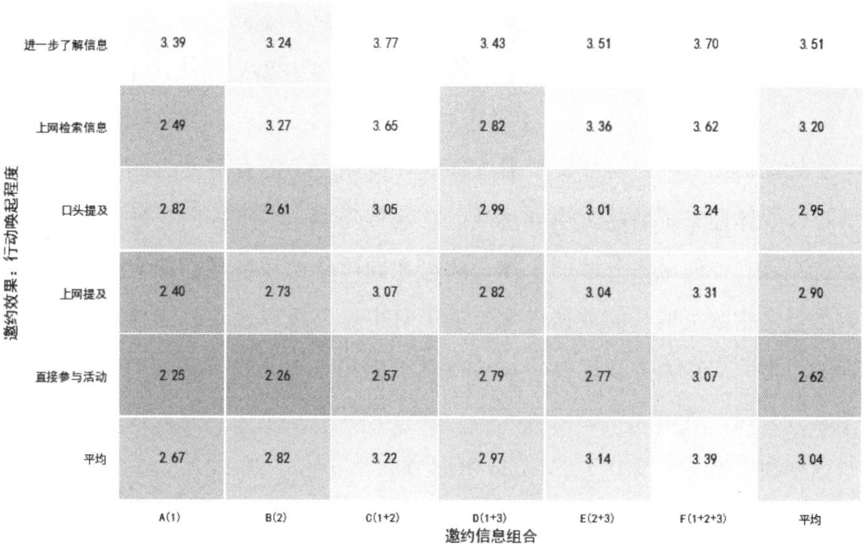

| 邀约效果：行动唤起程度 | A(1) | B(2) | C(1+2) | D(1+3) | E(2+3) | F(1+2+3) | 平均 |
|---|---|---|---|---|---|---|---|
| 进一步了解信息 | 3.39 | 3.24 | 3.77 | 3.43 | 3.51 | 3.70 | 3.51 |
| 上网检索信息 | 2.49 | 3.27 | 3.65 | 2.82 | 3.36 | 3.62 | 3.20 |
| 口头提及 | 2.82 | 2.61 | 3.05 | 2.99 | 3.01 | 3.24 | 2.95 |
| 上网提及 | 2.40 | 2.73 | 3.07 | 2.82 | 3.04 | 3.31 | 2.90 |
| 直接参与活动 | 2.25 | 2.26 | 2.57 | 2.79 | 2.77 | 3.07 | 2.62 |
| 平均 | 2.67 | 2.82 | 3.22 | 2.97 | 3.14 | 3.39 | 3.04 |

邀约信息组合

1 = 展示活动名称；2 = 展示网址信息；3 = 展示免费入场券

**图 1　不同组合的邀约信息所能达成的用户行动唤起程度**

注：笔者根据调查结果制图。

户外媒体和用户的关系模式是户外媒体评估模型建构的基本前提。大致来说，有三种关系模式（见图 2）：一是刺激—反应模式，即用户的行为是在户外媒体的刺激作用下作出的反应，这一模式注重户外媒体的销售效果；二是单纯的传播模式，即用户的行为是在户外媒体"传播光谱"综合作用下的结果，这一模式注重媒体的传播效果；三是邀约模式，即用户的行为是在户外媒体识别用户，邀约用户，并和用户建立某种关系下的结果，这一模式注重媒体对用户行动的唤起效果，激发用户从"心动"到"行动"。然而，目前绝大多数户外媒体价值评估体系没有脱离前两种模式。

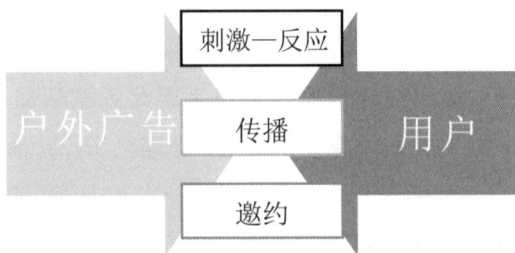

图 2  户外媒体与用户的三种关系模式

## 三、面向未来的户外价值评估系统三大功能：智认、智动、智销

正如前面提到的，科技发展引发媒介环境剧变，传者与受者的关系发生转轨，户外媒体迎来了新的机遇和挑战。在这种环境下，传统的户外价值评估体系亟待突破。如何聚集分散的个体，如何在同质化的评估产品中突围，如何应对数据量呈指数级增长的数据进化？基于对市场环境以及户外媒体价值评估新趋势的思考，广东南方新视界传媒科技有限公司、中国联合网络通信有限公司广东省分公司、暨南大学舆情研究中心联合研发了基于运营商大数据的户外媒体价值解决方案——MODS（Mobile OOH Data System）。在 2015 年户外媒体价值指数发布会 MODS 数据展示环节，户外价值评估系统的特性通过数"剧"的形式得以生动演绎。本部分将进一步对其"智认""智动""智销"三大功能进行探讨。

### （一）智认，客户识别用户的窗口

智认，即利用数据，智能识别用户，准确衡量投放效果。广告的上位不应是营销，而是沟通和邀约。智认，为"后台"的客户开启了识别"前台"用户的窗口。

移动互联网时代，用户媒体接触行为以及消费行为都从整体走向了碎片化，许多传统媒体传播效果式微，而户外媒体基于独特的位置和表现形式优势日益彰显，除了自身的到达率依然处于高位外，与其他媒体组合后更能够产生强大的拉动作用。USA Touchpoints 数据显示，其他媒体与 OOH（户外广告）组合后到达率会有不同程度的提升。其中移动 App 和社会化营销这两类与 OOH 组合后的效果最为显著，到达率分别提升了318%和212%。

然而，简单通过每一次"相遇"知道有哪些用户"到达"屏点是远远不够的，要做到客观评价屏点价值，精准衡量投放效果还需要对人群进行更清晰的判断。基于此，MODS设定了衡量覆盖人群的广度指标，以及衡量人群到达频次的深度指标。通过广度和深度两个维度划分不同的屏点价值区间，如图3所示，笔者导入广东省各屏点数据进行分析后发现，广州、深圳这样的一线城市的LED屏到达人次数值高，但到达频次低，属于广度型媒体；肇庆、梅州等三、四线城市到达频次相对较高，但覆盖人群相对较小，属于深度型媒体；中山、东莞等区域广度、深度指数均处于较高位置，属于广度深度均衡型媒体。结合不同地域的屏点特性，客户可以以终为始，根据广告目标，有针对性地制定媒体投放策略。

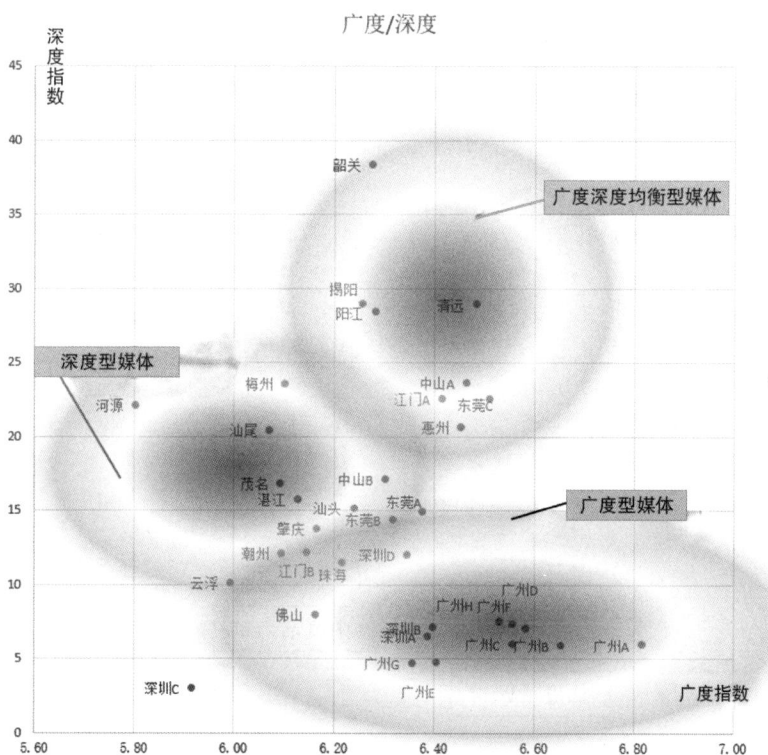

**图3　广东省各屏点深度广度指数**

注：笔者根据MODS数据分析并制图。

### (二) 智动，场景引入的邀约门户

智动，即利用大数据邀约用户，实现智能互动。在去中心化、碎片化、互动共享的互联网时代下，智动的出发点和落脚点在于打开虚拟世界与现实情境之间的大门，邀请用户，构造新的场景。Arbitron Company 数据显示，OOH 对在线活动的刺激比其他任何传统媒体具有更高的效率。摇一摇、二维码扫描等简单的互动手段，在时间和空间上都有一定的局限性，并且因其多以通过明星效应或者事件营销来获得传播效果，在这种互动形式中，若无大数据的智能支持，户外媒体只是纯粹以一个内容载体的形式出现，自身的特性不能得到充分发挥，虽有互动之形，但本质上还是刺激—反应的单向度传受模式。这种无差别、无针对性的"局地引爆"形式亟待转型。MODS 将用户的地理信息、人口属性、消费数据、浏览行为、支付行为及社交数据等进行有机串联，呈现立体的人群画像，描绘用户日常生活旅程地图，打破用户和屏点单调的二元对立形式，通过对用户行为习惯的分析，把握时机向目标用户主动发出邀约，实现传者与受者智能互动。

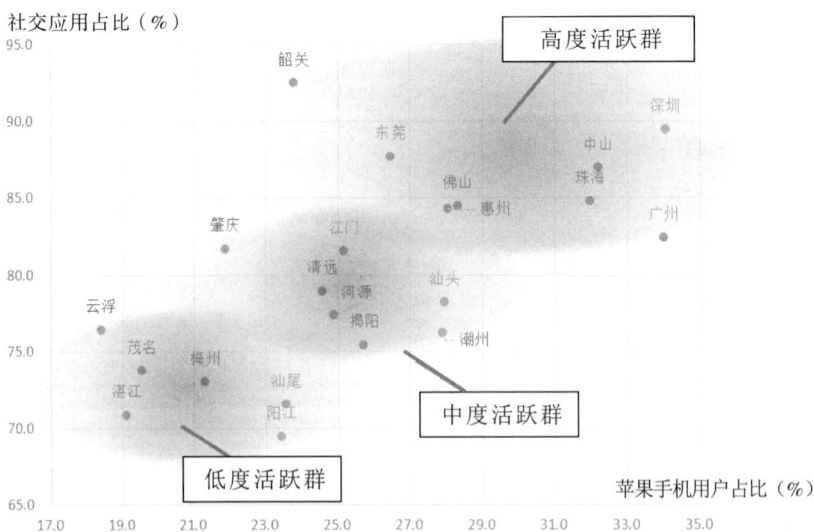

**图4　广东省联通苹果手机用户社交应用活跃度**

注：笔者根据 MODS 数据分析并制图。

以不同屏点的用户社交活跃度为例，MODS 拥有包含各屏点不同手机用户的社交活跃程度的数据。如图 4 所示，在广东省各屏点的苹果手机用户中，广州、深圳属于高度活跃群，湛江、梅州属于低度活跃群。据此，MODS 可综合屏点及目标群体特性，为客户"量体裁衣"定制高效的媒体投放策略。

除了在媒体投放层面，面向未来的户外媒体价值评估系统还可帮助客户迅速瞄准利基市场外，将消费数据、浏览行为等更详细的用户行为习惯与天气、位置信息串联，在具体的营销互动层面创造出更多户外媒体新玩法。宜家"温度二维码"、韩国 Emart 超市随阳光出现的 QR（快速反应）隐形二维码都体现了这一思路。

在智能互动的过程中，用户的加入对场景进行了丰富和再创造，因此，它不仅是吸引并邀请目标用户进入特定场景的"拉拢"的过程，也是一个将用户体验和广告效果向前"推进"的过程。

### （三）智销，抵达客源的精准路径

智销，即活用户外媒体价值评估系统数据，驱动用户行动意愿，实现智能化营销。如果说智认、智动相当于给用户贴标签的抽象化过程，那么处于最后一环的智销，便是让目标用户最终进入户外媒体客户的交易场景之中。

一项由 YuMe 和 IPG 媒体实验室开展的研究发现，消费者对公共场所广告的接受程度比其对在家中所接触的广告的接受程度高出 41%，比在学校或工作地点所接触的广告的接受程度高出 16%。在转化率方面，Arbitron Company 的资料显示，户外媒体广告在购买决策、购买行动方面的影响力远远高于电视、广播、报纸这三大传统媒体。在过去一个月看到过户外媒体广告的用户中，39%的人去过广告提及的商店，40%的人去过广告提及的酒店。这说明户外媒体具有较高的转化率。如何进一步提升转化率呢？基于用户行为分析确定屏点特性，寻求优质的用户资源，精准投放，便是未来户外媒体价值评估系统的智慧所在。

笔者利用 MODS 数据对珠三角城市和非珠三角城市屏点用户在某月的电商 App 搜索行为进行分析，发现在各地区搜索排位上，居于珠三角屏点用户电商 App 搜索词权重首位的为"空调"，而非珠三角地区排在首位的为"连衣裙"；在对"苹果"和"iPhone 6"的搜索权重上，珠三角地区高于非珠三角地区。如图 5 和图 6 所示，珠三角地区的用户提及频率较高的手机品牌为苹果、小米和魅族，而在非珠三角地区则是华为、三星和魅族。固定的屏因为有了大数据的支撑，可以在内容和体验上做到以用户为中心。据此，客户在制定媒介投放策略时可因地制宜，实现目标用户所想即户外媒体所现。优化资源配置的同时也优化了用户体验。

**图5　某月珠三角城市屏点非结构化数据词频**

注：笔者根据 MODS 数据分析并制图。

**图6　某月非珠三角城市屏点非结构化数据词频**

注：笔者根据 MODS 数据分析并制图。

## 四、并不遥远的未来

置身于数据指数级增长的大数据时代，与之共同进化的户外媒体生态圈还有多种可能。

　　在面向未来的道路上还有许多值得探讨的课题。我们对户外媒体价值评估系统有三个期待。第一，做有广度的创意优化系统。大数据时代，程序化创意生成平台在满足用户不同创意需求，提升品牌和广告主 ROI（投资回报率）方面有着较好的表现，美国的 DoubleClick，中国的筷子科技是创意与数据结合的典型。因此，户外媒体与数字的联姻，不应该止于价值评估体系的精进，还应该通过把用户数据和与户外媒体互动后的参与数据进行整合，不断丰富人群标签，并建立对应的创意标签，使其根据不同的场景，针对不同的人推送不同的内容，实现广告表现定制化。从纯粹的媒体数据库拓展至创意和媒体相融合的数据库，面向未来的户外媒体价值评估系统将从媒体筛选平台，进化至创意生成优化平台。第二，做有精度的即时反馈系统，对数据进行实时采集，实现程序化购买。实时数据的获取将进一步填补广告媒体与客户的信息鸿沟，简化购买程序，引领移动与互动市场的深入对接，更精准地到达媒体的优质用户。第三，做有态度的数据应用系统，保护用户隐私，倡导数字营销伦理。对用户数据的探索越深入，相关的用户隐私保护措施就越应该得到重视。应提升从业人员素养，完善行业规范，共同维护数字化生存空间的平衡发展。

　　从碎片化的个体到标签化的群体，从远方的平台到环绕四周的场景，作为最古老媒体之一的户外媒体正在与一切相连接；从创意生成到广告投放直至效果评估，一站式到达，对于未来的种种设想不再是隐喻和遐想，通向未来的潜流就在分布式数据的海洋之中。当下即未来。

　　（原文刊载于《传媒》2015 年第 23 期。作者：朱磊、邓之祺。有改动）

# "后真相时代" 的舆情传播

…… ……

# "后真相时代" 舆情传播的特点及原因

在"后真相时代",事实的重要性退居次席,人们对事件所产生的情绪和态度比事件的真相更加重要。舆情的传播受到个体和群体心理活动的影响,产生了一系列新特点,通过分析其背后的深层原因,能够厘清舆情传播的新逻辑和新规律,并制定有针对性的应对策略。

## 一、舆情生产、传播和发酵的新特点

随着移动互联网的普及,原来单一的信息传播模式被打破,中国的媒介生态环境正呈现出多中心、开放式、交互性的全新特征。网络社交平台的推广和普及为用户随时随地关注最新消息和表达个人意见提供了便利,也导致近年来社会舆情热点呈现快速爆发的趋势。在近三年舆情的总体发展态势中,有四个特点尤其值得关注:

### (一)公众在舆情事件中扮演多重角色

从信息生态学的观点来看,在近三年的舆情事件中,公众扮演了舆情事件的生产者、分解者和消费者的多重角色。热点舆情的主要阵地——社交媒体消解了传统的作为信息中介的媒体系统,成为大部分热点舆情产生的源头。公民不只是舆情的消费者,也可以成为热点舆情的生产者。特别值得注意的是,在新媒体时代,公众也发挥着分解者的作用,可以将舆情事件分解成不同的部分进行解读和重构,使得热点舆情的每一个方面都有衍生、发展成新的舆情的可能,增加了热点舆情的风险性。

三种角色对舆情信息进行处理并相互作用,公众作为舆情主体和网络舆情环境、舆情信息共同构成了网络舆情生态系统。[①]

---

① 马捷、孙梦瑶、尹爽等:《微博信息生态链构成要素与形成机理》,《图书情报工作》2012年第9期,第73-77、81页。

### （二）专业类社区论坛成为舆情传播的链源和链宿

目前，网络社交媒体高速发展，舆情传播渠道呈现出多平台、多媒体的新趋势。传统的贴吧、论坛活跃度趋冷；微博、微信成为热点事件持续发酵的主要信源，但前者面临"大 V"沉寂和用户转场，后者面临关系链封闭等问题；以知乎、豆瓣、果壳为代表的高黏性专业类社区论坛成为部分舆情事件的始发节点（舆情链源），同时也通过辟谣等措施发挥着平息舆情的作用，从而也成为舆情的终结节点（舆情链宿）。2016 年发生的魏则西事件和雷洋事件的舆情扩散路径便先后经过了知乎、微信公众号或微博、微信朋友圈、门户网站、传统媒体及其网络平台等渠道。① 专业类社区论坛由兴趣相同的人聚在一起，其讨论方式是"圈子式"的，比微博上人声鼎沸的"广场式"讨论方式更加理性，在一定程度上也会放大群体的声音。

### （三）视频成为"后真相时代"舆情发酵的重要载体

在"后真相时代"，人们更倾向于将自我判断建立在更加直接和刺激的感性之上，情绪和态度高调发声，真相退居其次，变得不再重要。相较于传统的文字、图像等形式，视频更具直观性、冲击性，是"后真相时代"舆情发酵的重要载体。在一些舆情事件中，视频的发布更容易成为引爆舆情的触点，造成舆情的进一步升级。如 2016 年 4 月发生的海口暴力拆迁事件，就是由一段一分多钟的视频引发了广大网民的持续关注。近年来的视频驱动类舆情事件中，视频带来的强烈代入感，相比文字和图像形式，更容易激起民愤，催生舆情发酵成为广受关注的热点事件，进而引发舆论风暴。

### （四）舆情的空间生产扩展至"二次元"领域

在近三年的舆情传播中，值得注意的新现象是舆情的空间生产。从传统的现实空间或媒体空间，扩展至"二次元"空间，"二次元"文化的元素和生产方式，促使更多事件发展成舆情热点。"二次元"本意就是二维，源于日本动漫，指对"架空世界"（虚拟世界）的一种称呼。在我国，"二次元"文化的主

---

① 任孟山：《从魏则西、雷洋事件看社交媒体时代舆论新生态》，《传媒》2016 年第 10 期，第 37 – 38 页。

要消费群体——"90后"和"00后"开始逐步走向社会舞台的中心,并拥有了更多的话语权和执行力。"二次元"文化的浸染是"90后"和"00后"最为鲜明的特点。在"帝吧出征"表情包大战、南海仲裁等涉及爱国表达的热点事件中,"90后""00后"运用"二次元"的思维和生产方式,以表情包等戏谑、"恶搞"的形式在短时间内发动了大规模的网络群体行动,获得了"小粉红"(网络爱国青年的泛称)的称号。① 2016年,"洪荒之力""蓝瘦香菇""小目标"等热点舆情通过头像、表情包等"二次元"方式进行再生产后,受到了年轻群体的热捧,最终入选了《咬文嚼字》杂志发布的"2016年十大流行语"。

## 二、舆情新特点背后的深层原因

### (一)公私领域界限的消失

在集制作者、销售者、消费者于一体的社交媒体中,传统的公私领域的界限逐渐消失,人们的私有空间成了媒体聚焦之所,私人生活领域的私密话题进入公共空间,发展成舆情事件。同时,与公众利益休戚相关的重大公共议题从公共空间中疏远或脱离,造成了公共空间的萎缩。②

这一趋势使得公民的隐私权难以保障。网络成为"全景敞式监狱"式的监视场所,私人话题受到公众的注目,并成为大众的谈资和道德审判的对象。如在2015年成都女司机被打事件中,女司机卢某的身份证、生活照等个人信息和大量未经证实的车辆违章信息和开房记录被网友公开;在2014年的上海外滩踩踏事故中,媒体大量引用现场群众发布在微博、人人网等社交平台上的信息,并在报道中曝光了逝者的年龄、求学经历、社会身份以及真实照片。这样通过泄露死者隐私来博取点击量的行为不仅是对逝者的亵渎,也会对死者家属造成二次伤害。

同时,为迎合网民对个人隐私的窥视欲望,公众人物和政治人物的个人隐私挤占了大量的公共话语空间。政治人物前台和后台边界的消失,使网民的政

---

① 刘海龙:《像爱护爱豆一样爱国:新媒体与"粉丝民族主义"的诞生》,《现代传播(中国传媒大学学报)》2017年第4期。

② 〔德〕哈贝马斯著,曹卫东、刘北城、宋伟杰等译:《公共领域的结构转型》,上海:学林出版社,1999年。

治判断力从评估个人的政治主张，变成对政治人物形象直觉的、情绪化的评估。① 美国总统特朗普就十分擅长利用推特向网民们展示自己，通过增加关注度来获取支持。

### （二）感性侵占理性的领地

在"后真相时代"，社交媒体降低了信息活动参与的准入门槛，传统新闻把关人失去了对事件真相的把关权力，各路似真似假的信息喷涌而至。人们辨别真相的成本增加，逐渐倾向于将自我判断建立在更加直接和刺激的感性之上，情绪和态度高调发声，"真相"退居其次，变得不再重要。

情绪化表达助长了舆情的传播发酵。涉及公众利益的舆情事件中，公众往往将自己设想成事件主角，强大的同理心和情感共鸣使他们能够突破阶层、年龄、地域的限制，共同表达诉求和发泄情感，这在一定程度上加大了舆情的关注度。但网络舆情言论很多时候并不是理性思考的结果，而是带着强烈的感性化和情绪化色彩，在信息共享过程中能够相互感染，快速发酵扩散。②

由于互联网的信息传播更强调娱乐化、刺激性等感性因素，所以越是极端的感性内容，在网络上越容易得到广泛的传播，而这些感性内容有很多都是阴谋论或假新闻。即使在假新闻被澄清之后，多数网民也仅对具有趣味性和新鲜性的假新闻留下深刻记忆，而对澄清该谣言的新闻则没有过多关注，导致假新闻仍存在于部分新闻网站中。近年来频繁发生的舆情反转现象也是由于人们对真相不再重视，只凭表面现象就表达出了一边倒的立场而造成的。

### （三）虚拟和现实边界的消失

孕育舆论的传统公共领域从茶馆、咖啡馆等线下空间变成了如今的网络虚拟空间，人们习惯于在微博、微信等社交媒体中讨论公共事务。

线上政治讨论的满足感会使人们忽略线下的政治参与，但线上的观点表达并不能完全满足公民政治参与的需求。首先，由于微博和微信等社交媒体的内容不是完全公共的，商业营销和娱乐八卦相比公共事务似乎占据了更多的空间；

---

① ［美］约书亚·梅罗维茨著，肖志军译：《消失的地域：电子媒介对社会行为的影响》，北京：清华大学出版社，2002 年，第 33、34、37 页。

② 卢嘉、刘新传等：《社交媒体公共讨论中理智与情感的传播机制——基于新浪微博的实证研究》，《现代传播（中国传媒大学学报）》2017 年第 2 期，第 73 – 79 页。

其次，社交媒体上充斥着短小、碎片、冗余的同质化信息，其短平快、情绪化的表达方式难以形成理性的论述；最后，社交媒体上流行的表态、站队的氛围会给人带来无形的舆论压力，压制真实意见的表达。

伴随着虚拟现实技术的发展，人们可能会更深入地沉浸在虚拟世界的观点表达中，以至于难以分清虚拟和现实。此外，虚拟和现实的边界产物（如非虚构写作、报告文学、纪录片等）的真实性可能不再为人所重视，人们只基于兴趣和情绪对其进行传播。

## 三、"后真相时代"的舆情应对

通过从舆情主体、舆情载体和舆情传播渠道等方面分析舆情传播发酵的新特点及其背后的深层原因，本研究认为，在"后真相时代"，舆情应对工作应打破传统思路，着重从以下几方面入手：

### （一）重视专业类社区论坛在舆情应对中的作用

专业类社区论坛集结了分享专业知识和见解的网络社群，讨论方式更多的是一种"精英舆论"，比其他平台上的讨论更为理性，也更有影响力。相关部门应重视专业类社区论坛在舆情应对中的作用，不仅要实时关注、合理监管，也应学会运用这类平台发声，拓展舆情应对的传播渠道，增加与民众的沟通触点，提高舆情管理和舆论引导的效率。

### （二）重视视频在舆情生产中的作用

目前，泛平台传播的微视频成为网民信息的重要传递方式。在一些舆情事件中，视频相较于传统的文字、图像等形式更容易成为引爆舆情的触点并造成舆情升级。观看与舆情事件相关的视频能够强化公众的同理心，进一步导致舆情信息的加速传播和加速发酵。随着技术的发展，视频可以在微信、微博等不同的平台进行传播和扩散，同时，视频的内容相对于文字也更加难以监管，这在一定程度上加大了相关部门舆情应对的难度。对于短视频引起的舆情事件，相关部门应及时做出反应，对民众的质疑进行有针对性的回应，切忌含糊不清；同时应加强与各网络平台的合作，善用社交媒体的自澄清机制，利用社交平台上的举报、用户标记等功能管理视频。

### （三）重视舆情生产的"二次元"化现象

一方面，相关部门可在信息发布和舆情引导中运用"二次元"元素，如使用接地气的网络用语、轻松有趣的图像和视频，以拉近和青年们的距离。另一方面，我们也应认识到，舆情生产的"二次元"化现象在一定程度上消减了政治的严肃性和理性意识，加大了舆论场的风险，为舆情引导工作带来了一定的挑战。因此相关部门在利用"二次元"进行舆论引导时应格外注意时、度、效的问题，要做到在维护主流价值观的同时包容思想自由；要为青年网民补充历史记忆，倡导理性爱国；要谨防网络舆论场上的民生问题政治化、意识形态宣传庸俗化的现象。

综上所述，在"后真相时代"，舆情的传播发酵具有与以往迥然不同的新特点：从舆情主体来看，公众在舆情事件中扮演了生产者、分解者和消费者的多重角色；从舆情载体上来看，视频成为"后真相时代"舆情发酵的重要载体；从舆情的传播渠道来看，知乎、豆瓣等高黏性的专业类社区论坛成为舆情的链源和链宿，且舆情的空间生产已扩展至"二次元"领域。

进一步分析其深层原因，我们发现，公私领域界限的消失，感性侵占理性的领地，以及虚拟和现实边界的消失是舆情新特点的主要逻辑。因此，在"后真相时代"，舆情应对工作可尝试打破传统思路，从重视专业类社区论坛在舆情应对中的作用，视频在舆情生产中的作用，以及了解舆情生产的"二次元"化现象等方面入手，使舆情应对策略更贴合现实需求。

（原文刊载于《新闻战线》2017 年第 12 期。作者：朱磊、李文静。有改动）

# "后真相时代"下短视频驱动型舆情的现状与特点

## 一、研究背景与目的

移动通信技术和智能终端的快速发展，使得我国移动端网民数量在近几年来急剧增长，为网络舆情的爆发和传播奠定了强大的网民基础。与此同时，视频技术和互联网流量的革新，为"移动短视频"提供了强有力的技术支持，短视频凭借其生产成本低、信息量高、直观性强等独特的优势，快速适应当下人们的碎片化媒介接触习惯以及热衷分享、表现自我的社交心理，成为移动4G时代人们的社交新宠儿。随着公众社会参与意识的增强，对身边即时发生的事情，人们逐渐习惯通过手机拍摄短视频去记录、表达以及传播，短视频成为新时代下舆情触发的新形式和舆情传播的新载体。

2016年，由短视频驱动酝酿的舆情事件层出不穷，在人民网舆情监测室发布的《2016年中国互联网舆情分析报告》总结出的2016年20件热点舆情事件中，有1/4的事件在传播过程中或多或少有短视频形式信息的参与。例如在热点排名第四位的"2016年美国大选"事件过程中，一则"特朗普希拉里合唱"视频在社交平台引发网友们极大的传播热潮，直接推动了美国大选在国内关注度的提高。2016年12月14日《咬文嚼字》杂志公布的"2016年十大流行语"① 中，"小目标""洪荒之力""蓝瘦香菇"就分别直接取自社交媒体上的火爆短视频。由此可见，短视频驱动型舆情在网络舆情中的影响力正迅速增长。

同时，随着《牛津词典》将"post-truth"（后真相）选作2016年"年度词汇"，并将其定义为"诉诸情感与个人信念，较陈述客观事实更能影响舆论的情况"②，"后真相"一词逐渐进入大众视线。在"后真相时代"，社交媒体降低了信息活动参与的准入门槛，传统新闻把关人失去了对事件真相的把关权力，

---

① 孙丽萍：《〈咬文嚼字〉公布 2016 年十大流行语》，新华网，http：//news. xinhuanet. com/politics/2016 – 12/14/c_1120118607. htm，2016 年 12 月 14 日。

② Oxford Dictionaries，https：//www. oxforddictionaries. com/，2016 年。

各路似真似假的信息喷涌而至，人们辨别真相的成本增加，逐渐倾向于将自我判断建立在更加直接和刺激的感性之上，情绪和态度高调发声，"真相"退居其次，变得不再重要。相较于传统的文字、图像等形式，短视频更具直观性、冲击性，是"后真相时代"重要的表现形式。也因此，短视频驱动型舆情相对来说更情绪化、风险性强、影响力大，并且难以控制，处处体现着激情大于理性、立场重于事实的"后真相时代"舆情特征。

在此背景下，本文以 2016 年 1 月 1 日至 12 月 31 日期间，于中国境内在网络社交平台酝酿发酵的重大短视频驱动型舆情事件为研究对象，拟采取定量分析与内容分析相结合的方法，通过对百度搜索关键词量，百度指数，新浪微指数，优酷土豆（优酷网与土豆网合并之后的并称）、腾讯、爱奇艺等视频网站播放量等数据的收集与分析，同时配合网络访谈法等，最终得出该类舆情的特点与应对措施，为社会相关舆情管理提供对应的建议，防止由短视频触发而引起的舆情在"后真相时代"下酝酿危机，影响社会正常运转。

## 二、短视频与短视频驱动型舆情

### （一）短视频概念定义及其类型

对移动短视频的概念，国内外并没有一个统一的定义。Social Beta 网站对其的定义为："一种视频长度以秒计数，主要依托于移动智能终端实现快速拍摄与美化编辑，可在社交媒体平台上实时分享和无缝对接的一种新型视频形式。"[①]姜鹏鸽在研究中定义其为"利用智能手机等移动终端设备拍摄或剪辑的，时长短则几秒钟，长则不超过五分钟的短视频"[②]。综合来说，前人对移动短视频的定义主要基于以下三点：①基于移动智能终端；②具有社交功能；③视频时间短。对于短视频的时长，从广义上来讲，从几秒钟到几分钟，都可以归为短视频的范畴。本文所论述的短视频是指一种由用户自主拍摄、编辑、上传至社交网络，主要基于手机等移动智能终端，时长在十分钟以内的新型视频传播形式。

在特点方面，国内外研究多认为移动短视频具有内容少、时间短、制作成

---

① 《Social Beta 短视频营销指南》，Social Beta，http：//www. useit. com. cn/thread – 10636 – 1 – 1. html，2015 年 11 月。

② 姜鹏鸽：《4G 时代基于移动微视频社交应用的个体表达研究》，《东南传播》2016 年第 6 期，第 85 页。

本低、传播速度快、易分享、易传播等特点。这也是其成为舆情传播重要形式的主要原因之一。

在分类方面，国内较多的是根据移动短视频来源或相关短视频客户端进行划分。例如，白皓天将短视频划分为两类：一类来源是由今日头条等新闻类 App、微博等社交类 App 发布、传播的资讯类短视频，内容涵盖娱乐、体育、影视等各类新闻娱乐资讯；另一类来源则是依托于美拍、微视、秒拍这一类短视频社交 App 的 UGC 形式的短视频。[①] 国外对移动短视频的分类研究中，Cheng Xu 等按短视频内容，将 YouTube 上最受欢迎的一些短视频分为音乐类、娱乐类、喜剧类、体育类、电影动漫类、生活类、游戏类、新闻类等。[②] 从舆情驱动的角度来看，能触发或推动舆情的视频类型多集中在新闻资讯类、生活类、娱乐类，在特定节点例如奥运会期间，体育类短视频也是驱动舆情的重要组成部分。

### （二）短视频驱动型舆情概念定义及其类型

目前国内外尚未有专门对短视频驱动型舆情进行整体研究的文献，而对其定义、分类和特点作明确界定或分析的资料也并不多见。本研究所指的短视频驱动型舆情，顾名思义，即由公众拍摄、剪辑、制作、上传，并由在社交平台传播、互动的某个短视频所触发或推动的舆论事件。

在不同的短视频驱动型舆情发展进程中，短视频起到的作用是不同的，舆情大致分为两类：触发类和助燃类。在短视频触发类舆情中，短视频作为舆情事件的直接触发点，是整个舆情事件酝酿发酵的最初引爆物（见图 1）。例如"和颐酒店女生遇袭"舆情事件，是由当事人在社交平台上传的一则记录事件发生过程的酒店监控记录所直接引发的。在短视频助燃类舆情中，短视频作为舆情事件的助燃物，具有提高舆情热度、推动舆情发展、引导舆论方向等作用（见图 2）。例如在"王宝强离婚"舆情事件中，原本由影视明星王宝强在微博发表离婚声明开始便闹得沸沸扬扬的舆论，在一些宣称是"酒店当场抓奸"视频的传播下愈演愈烈，且舆论方向也更加倾向于群体极化和网络暴力。

---

① 白皓天：《"七秒"营销——浅谈短视频营销》，《新闻传播》2016 年第 6 期，第 48 页。

② CHENG X，DALE C，LIU J. Understanding the characteristics of internet short video sharing：YouTube as a case study. 2007.

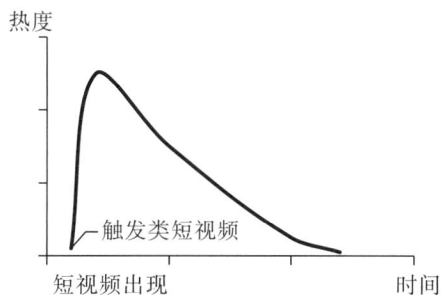

图 1　短视频触发类舆情热点趋势

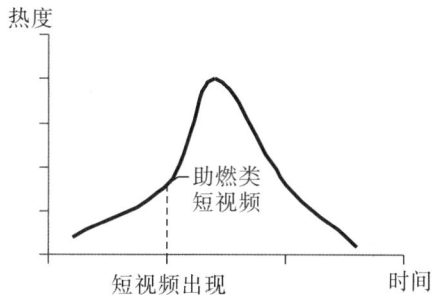

图 2　短视频助燃类舆情热点趋势

## 三、2016 年短视频驱动型舆情事件

### （一）2016 年短视频驱动型舆情事件综述

本文通过收集分析 2016 年各大舆情报告总结的热点舆情事件、事件相关数据，并配合在线访谈等调查方法，收集总结出 2016 年 20 件影响力相对较大、热度较高、受关注度较高的典型短视频驱动型舆情事件，其中包括：安徽女大学生跨年夜坠亡、女孩怒斥号贩子、海口暴力强拆妇孺被打、火灾拍摄者残忍 42 秒、和颐酒店女生遇袭、papi 酱系列视频被勒令整改、广州车主礼让消防车、长征七号运载火箭首发成功、深圳女孩被警察盘查并强行带走、王健林的"小目标"、傅园慧赛后接受采访"我已经使出洪荒之力"、13 岁少女被逼脱衣拍视频、特朗普希拉里对唱、女员工排队吻老板、栖霞市人民医院护士急救患者、云南导游强制消费买翡翠、"蓝瘦香菇"短视频的流行、香格里拉"桃源"不再、江苏常熟被曝"买卖童工"、甘肃高校教师让迟到学生互扇耳光等事件。

### （二）2016 年十大热点短视频驱动型舆情事件分析

本文通过对以上 20 件短视频驱动型舆情事件的百度搜索关键词量，优酷土豆、腾讯、爱奇艺等视频网站播放量等数据进行收集，使用主成分分析法等进行数据分析研究，并配合在线访谈等方法，从中选出十大热度最高、最受关注的舆情事件，并对其作详细舆情分析阐述。

1. papi 酱系列视频被勒令整改事件

2016 年 4 月 18 日，一篇名为"papi 酱遭广电总局封杀　罗振宇 1 200 万恐打水漂"的微信文章在网络上被疯狂转载，文章中透露 papi 酱系列视频被广电总局封杀的消息引起众多网友及媒体的关注。随后，papi 酱经纪人及相关人士纷纷出来辟谣，否认封杀，其中 papi 酱经纪人杨铭发朋友圈表示"人怕出名猪怕壮，我们还是胖了。papi 酱会继续坚持做符合社会主义核心价值观的视频内容"。同时，papi 酱的最新商业合伙人罗振宇也第一时间发声表示"假的真不了"。

随后，人民日报客户端于 18 日近 16 点发消息证实称，根据群众举报和专家评审结果确定，网络红人"papi 酱"的系列视频因为主持人在表演中含粗口、侮辱性语言等问题，被勒令整改。广电总局称，该节目只有在去除类似低俗的内容并符合网络视听行业的节目审核通则要求后，才能重新上线。之后几个小时内，百度视频、优酷土豆、爱奇艺、A 站、B 站等视频网站均纷纷下架 papi 酱之前的视频节目。

当日 18 点 25 分，papi 酱个人新浪微博更新了名为"一个人的减肥全过程"的近 4 分钟视频，内容展现的是人们在减肥过程中的艰辛情况，并无粗口、侮辱性语言。半个小时后，papi 酱又于微博发表博文正式回应整改消息，表示"愿意并乐意接受批评"，"坚决响应网络视频的整改要求"（见图 3）。这条回

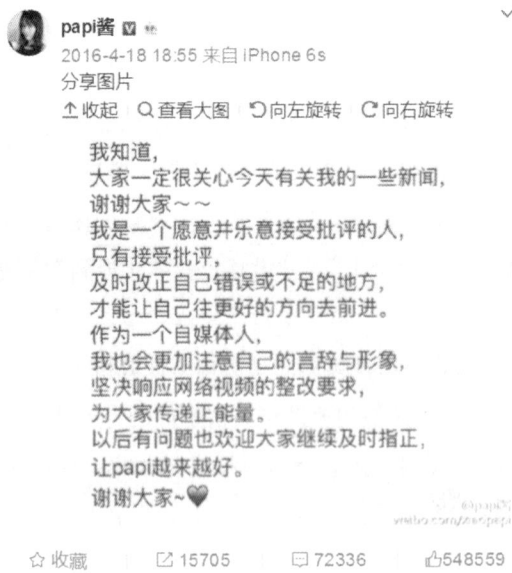

**图 3　papi 酱回应微博截图**

注：截图时间为 2017 年 3 月 27 日，下同。

应微博一经发布立即被广泛转发、点赞，网友纷纷在其底下评论表示"支持你"。截至2017年3月27日，该条微博的转发与评论量分别达15 705条、72 336条，与此同时，"#papi酱下线整改#"话题迅速成为微博热门话题，话题阅读量达2 026.2万次，讨论量达1.2万次。同时，新华网、网易娱乐、腾讯网等媒体也纷纷对整改消息以及papi酱的回应进行了转发报道。

2016年4月23日，papi酱在其新浪微博更新整改后的第一则视频（见图4）。视频名为"纪念莎士比亚400周年特别节目"，以幽默诙谐的表演方式再现莎士比亚四大悲剧，同时在视频最后呼吁"年轻人啊，多看点书吧！"而其视频底下的评论虽有少数表示"画风突变"，颇有微词，但多数网友则表示支持，并纷纷宣扬当日为世界读书日，号召大家多读书。之后，papi酱系列视频恢复正常更新，视频话题广泛，但已不再出现粗口等言辞。

**图4 papi酱发布"纪念莎士比亚400周年特别节目"短视频微博截图**

2016年5月5日，《人民日报》发表以"别让'语言任性'弄脏网络"为题的评论，文章中提及papi酱整改事件，表示"整治行动收效不错，也达成了监管机构与市场主体之间一次有正面意义的良性互动"。

2. "甘肃高校教师让迟到学生互扇耳光"视频事件

2016年12月8日21点43分，新浪微博用户"二到没心没肺–浪子"发博文爆料称甘肃张掖河西学院医学院一老师因学生迟到一分钟对学生拳打脚踢，并令学生两两互相打脸，并附以事件发生时拍摄的视频，视频时长超2分钟。

图5 "甘肃高校教师让迟到
学生互扇耳光"视频截图

图6 "和颐酒店女生遇袭"
监控视频截图

该视频一经网络传播,立即引发网民关注与热议。

针对此事,甘肃省教育厅于当天23点53分即发布通报称已和涉事学校联系,要求"连夜彻查"。9日凌晨3点左右,甘肃省教育厅再次发布通告表示河西学院已对涉事教师进行解雇,同时河西学院的官方网站也发布了《关于对医学院吕平严重违背师德侮辱殴打伤害学生事件的处理决定》,决定对涉事老师吕平予以解雇,并对相关学生致歉。与此同时,该事件的舆情热度在9日达到高峰。9日凌晨,凤凰网发文报道此事,并附视频(见图5)。随后北京青年报、新京报等报纸新媒体纷纷转发报道,舆情持续发酵。在新浪微博平台上,用户"人民日报""梨视频"等媒体意见领袖也纷纷转发报道,报道内容包括事件本身和事件处理结果,而网民的言论内容则大多以谴责师德和质疑处罚过轻为主。

从微博最初爆料,到相关部门监测发现视频并发布应对措施,再到最终的事件处理结果公布,政府的整个处理应对过程不到10个小时,应对及时,应对效果也可圈可点。

事情后续阶段,央广网、西安网等网站皆针对"学校教育"等话题发表了社评,进行了深入探讨,并要求反省"暴力育人"的教育观念。

3. 和颐酒店女生遇袭事件

2016年4月3日22点50分,微博名为"弯弯_2016"的女子在北京望京798和颐酒店(携程预订)内,被一名一同乘坐电梯的陌生男子使用暴力强行拖拽,其间她一直在大声呼叫求助，引起了酒店人员及其他路过房客的注意，但因被误认为是情侣吵架，没有人上前阻止，女子一直试图向围观的人表明自己并不认识这名男子，但并没有人上前救她。最终女子被一名女房客及时拉住，陌生男子从消防通道逃跑。

4月5日0点3分，"弯弯_2016"在优酷网上传了一则名为"20160403北京望京798和颐酒店女生遇袭"的酒店监控视频（见图6）。视频全长3分38秒，记述了其被陌生男子强行拖拽的惊心过程。随后，"弯弯_2016"又在个人微博上先后发布十多条博文传播该视频并对事情经过进行文字阐述与控诉，立即引起网友的关注。各路媒体包括微信公众号，"人民日报""央视新闻"等微博"大V"以及《新京报》等传统主流媒体争相报道关注，舆情持续发酵并迅速扩散。

在舆情的强势发酵下，事件相关责任主体携程、如家酒店相继通过微博发表声明表示高度重视并跟进调查（见图7），如家酒店官方微博还与当事人弯弯进行微博沟通。与此同时，网友们纷纷"@平安北京"并在其微博上评论，要求警方介入，北京警方也通过官方微博回应网友的要求，表示已开展核实、彻查。

**图7 和颐酒店发表如家酒店集团声明微博截图**

4月6日16点，如家酒店集团在事发酒店召开新闻发布会，《北京青年报》、凤凰网新闻客户端等多家媒体前往酒店对事件处理进行跟踪报道，同时腾讯、搜狐、凤凰等新闻客户端也相继开通直播平台，对发布会情况进行现场直播报道。最终如家酒店在其官方微博上发表声明致歉。4月9日18点37分，北京警方通过官方微博通报表示5名涉案人员已被依法刑事拘留（见图8）。

**图 8　北京警方通报处理结果微博截图**

在事件的后续发酵中，众多知名意见领袖也纷纷发表观点，如韩寒、范冰冰、papi 酱等通过微博或呼吁保障女性安全，或要求彻查此事。与该事件相关的话题"#和颐酒店女生遇袭#"在接下来的几天里久居新浪微博热门话题榜前几名，热度持续不下。与此同时，"女性安全""卖淫窝点"等话题成为网友、媒体多番讨论的焦点。截至 2017 年 3 月 26 日，话题"#和颐酒店女生遇袭#"的累计阅读量达 27.9 亿次，讨论量达 284 万次，当事人"弯弯_2016"的相关博文最高转发量达 68 070 条，评论量为 19 118 条。

4."蓝瘦香菇"成为网络流行语

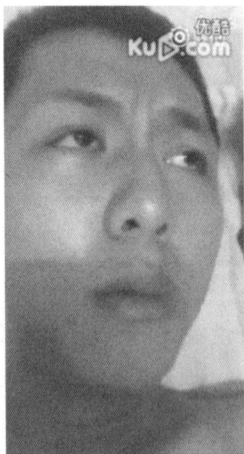

**图 9　韦勇自录视频截图**

2016 年 10 月，广西南宁一名为韦勇的男子自录视频（见图 9），视频中韦勇自称因失恋而"难受，想哭"，随后将其上传至微信朋友圈（一说为最先发在 QQ 空间）。因韦勇口音问题，他在视频中将"难受，想哭"读成了"蓝瘦，香菇"，使得这段奇特有趣的独白视频立即受到部分网友的关注，在朋友圈、贴吧等社交平台被小范围传播起来。

2016 年 10 月 8 日，微博"大 V""当时我就震惊了"转发该条视频，并配以"南宁一小哥失恋后录的视频，难受，想哭，第一次为一个女孩子这么想哭……哥你好好哭吧，我先笑一会"文字说明，引起舆论广泛关注（见图10）。截至2017年3月27日，该条微博被转发和评论数分别达12 411、23 252。视频中的"蓝瘦香菇"一词凭借奇特有趣等特点，获得各路媒体的争相使用和报道，三只松鼠、海尔洗衣机、必胜客等众多品牌的借势营销更是将该词的舆情热度推向高潮。"蓝瘦香菇"以迅雷不及掩耳之势传遍社交媒体，引发各路明星、网络红人、草根的模仿狂潮，成为人们互相娱乐沟通的口头流行词。2016年12月14日，《咬文嚼字》杂志将其归为2016年十大网络热词之一。①

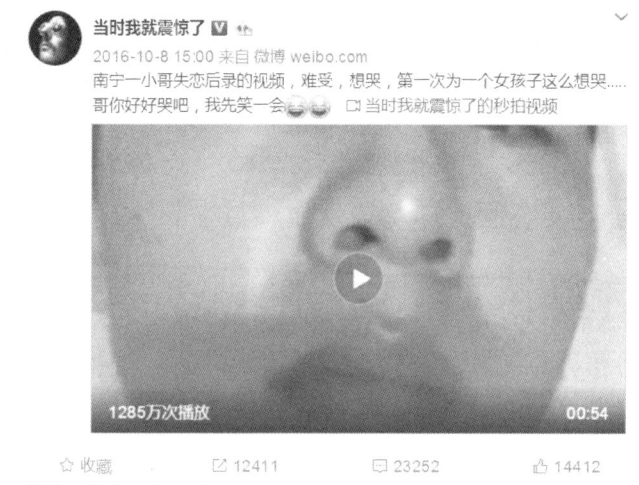

图10　"当时我就震惊了"转发视频微博截图

视频当事人韦勇一夜成名，于2016年10月13日开通微博直播，与网民展开互动，直播在线观看的网民数有一千多万。

5. "江苏常熟被曝买卖童工"视频事件

2016年11月21日8点35分，短视频平台"梨视频"在其官方微博上发布了一则名为"实拍常熟童工产业：被榨尽的青春"，时长达6分半的暗访拍摄视频（见图11），并附"只要不听话肯定挨打，打一顿干活快得很"等文字说明，爆料江苏省常熟市服装城隐藏着的非法雇佣童工现象。视频一经发布，迅速引发网民及媒体的广泛关注，该条博文的评论、转发数在短短几天内均上万。网民纷纷对黑心服装厂进行强烈谴责，同时呼吁相关部门及时处理，而腾讯新闻、

---

①　孙丽萍：《〈咬文嚼字〉公布2016年十大流行语》，新华网，http://news. xinhuanet. com/politics/2016 - 12/14/c_1120118607. htm，2016年12月14日。

网易新闻、人民日报官方微博等主流媒体则相继转发报道相关事宜，于当天将
舆论推向整个事件的高潮。

图 11 "江苏常熟被曝买卖童工"视频截图

11 月 21 日 19 点 49 分，常熟市委外宣办、常熟市政府新闻办通过官方微博
"常熟发布"向社会发布消息称，视频一经发出，常熟市委、市政府即第一时
间部署排查工作，于当天 12 点左右锁定涉事作坊，将工头依法控制，并展开调
查取证（见图 12）。下午，市政府召开紧急会议，要求公安、人社、市场监督
等部门在全市立即开展拉网式排查，针对此次情况，进一步加强监管力度，杜
绝此类现象再次出现。随后几天，中国新闻网、《中国青年报》等媒体纷纷对
政府的处理结果给予广泛报道。

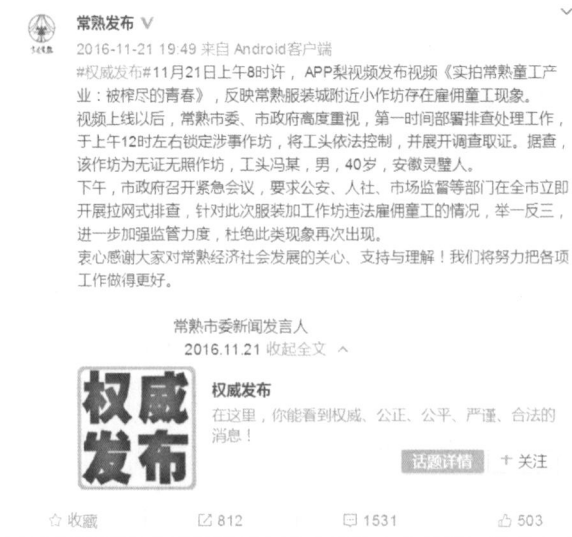

图 12 "常熟发布"发表声明微博截图

舆情后续阶段，网友与媒体将探讨的重点逐渐转至事件背后的制度漏洞、区域发展等问题上，例如光明网于 2016 年 11 月 24 日发表题为"正视常熟童工背后的制度漏洞"的社评，认为应重视童工事件背后真正的问题——全国教育制度，抓好源头、补上漏洞。

6. 傅园慧"洪荒之力"成为流行语

2016 年 8 月 8 日，里约奥运女子 100 米仰泳半决赛中，中国选手傅园慧以58 秒 95 的好成绩获得第三，晋级决赛。赛后接受央视记者采访（见图 13），在回答记者"今天状态是否有所保留"的问题时，傅园慧表示"没有保留，我已经，我已经用了洪荒之力了"。该则采访内容随即被截取成一段 1 分钟左右的短视频上传至新浪微博，引发各大社交媒体及网民的广泛传播。民众心中一向严肃的体育健儿的形象被傅园慧的"洪荒之力"所打破，网民纷纷对其活泼开朗、真实的表现所吸引，点赞、祝贺纷至沓来。当天 13 点 13 分，傅园慧发微博称"自己为清新脱俗的美少女"，与网友展开互动。网民则调侃其为"讲段子里游泳游得最好的，游泳里讲段子讲得最好的"。截至 2017 年 3 月 26 日，该条微博转发和评论数分别达 103 023、198 062。

图 13　傅园慧接受采访视频截图

傅园慧在采访视频中的夸张表现引得众多网络名人纷纷效仿，其动作、表情也被制作成 GIF 动图、表情包并被广泛转载。各大微信公众号、新闻媒体、营销团队对"洪荒之力"一词及其表情包乐此不疲的使用，使得"洪荒之力"成为 2016 年的流行热词，而傅园慧也迅速成为体育界的"超级网红"。除社交媒体外，各大主流媒体例如京华时报、一点资讯、新华网等官方微博也纷纷转发报道傅园慧的"洪荒之力",更有凤凰评论赞其"洪荒之力和金牌一样耀眼"。

傅园慧的"洪荒之力"流行词最先由主流媒体传播报道,而后经社交媒体追捧发酵,最后回归主流媒体对其进行总结评论,整个舆情传播过程相对完善,"洪荒之力"流行词的产生以及傅园慧的爆红是国家进步在体育舆论转变上的最好体现。

7. "女孩怒斥号贩子"视频事件

图14 "女孩怒斥号贩子"视频截图

2016年1月19日,新浪微博用户"penliu"发布一条博文,内容为"排了24小时300的号要4 500,这就是广安门医院的号贩子和保安",谴责北京广安门医院号贩子猖獗现象,引起部分网友关注。1月25日,新京报官方微博发布一条题为"女子怒斥:医院号贩子、医院和保安里应外合"的视频(见图14)微博。视频时长2分55秒,其内容显示的是一女孩站在医院大厅内怒斥看病挂号时号贩子猖獗现象,女孩表示:"一个300块钱的号,他要4 500","你们票贩子占个东西,最后快要签到了,来了10多个人往这一站,你们咋这么猖獗呢?"该微博引起极大的舆论热潮,网民纷纷在底下评论表示自己也遇到过类似现象并强烈呼吁对号贩子现象严加管理。截至2017年3月26日,该条微博评论和转发数分别达41 099、17 488。

随后人民日报、央视新闻等主流媒体的官方微博也纷纷对该事件进行转发报道,由此舆情发展态势急速上升。

面对强大的舆情压力,广安门医院于1月26日13点43分通过其官方微博对女孩痛斥号贩子一事进行了回应,表示经医院初步调查,此次事件无保安参与倒号的行为与证据,同时警方已经介入此事的调查(见图15)。该条博文被广泛阅读与转发。一个多小时后,北京市卫生和计划生育委员会也通过其官方微博表示:"对'号贩子'现象,尤其是医疗机构内部个别不法人员内外勾结的行为,始终采取'零容忍'。下一步,我们将继续加强医疗机构内部管理,做好预约挂号平台建设,为患者提供正常的就诊秩序。"

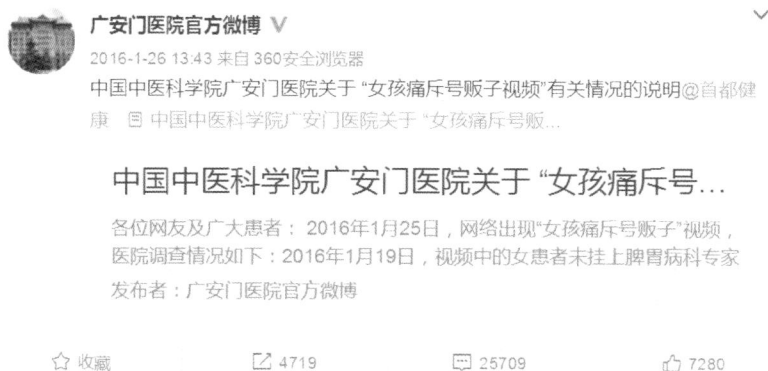

广安门医院官方微博 V

2016-1-26 13:43 来自 360安全浏览器

中国中医科学院广安门医院关于"女孩痛斥号贩子视频"有关情况的说明@首都健
康 中国中医科学院广安门医院关于"女孩痛斥号贩...

中国中医科学院广安门医院关于"女孩痛斥号...

各位网友及广大患者：2016年1月25日，网络出现"女孩痛斥号贩子"视频，
医院调查情况如下：2016年1月19日，视频中的女患者未挂上脾胃病科专家
发布者：广安门医院官方微博

☆ 收藏　　　　　　　↗ 4719　　　　　　　💬 25709　　　　　　　👍 7280

**图 15　广安门医院回应微博截图**

但与此同时，1 月 26 日当日，新华社记者在暗访视频事件发生地——北京
市广安门医院以及北京市另外两家著名三甲医院时，发现仍存在号贩子作案现
象，号贩子倒卖价钱超 3 000 元。针对此事，"人民日报"微博于 1 月 26 日、27
日两天分别发表两条微评，质疑号贩子顶风作案背后的原因及其保护伞，而底
下网友的评论大部分是对采取实质性管理措施的呼吁。

在舆论的强烈呼吁下，1 月 27 日，国家卫计委宣传司司长毛群安回应"女
孩怒斥号贩子"视频，表示国家卫计委高度关注该事，并已责成北京卫计委认
真调查。1 月 28 日下午，北京警方通过官方微博"平安北京"发布消息称，已
先后在广安门医院、协和医院、宣武医院抓获号贩子 12 名，并针对广安门医院
号贩子问题成立专案组进行调查。随后，1 月 29 日 15 点，"海淀公安分局"在
微博上又发布快报表示"今晨 5 时便衣民警又在空军总医院抓获号贩子 6 人"。

在该舆情事件后期，《人民日报》《工人日报》等传统主流媒体就号贩子现
象发表了相关评论文章，指出该现象背后存在医院挂号系统和管理漏洞以及相
关法律漏洞的深层次原因，认为专项整治与医疗改革理应双管齐下，才能从根
源上消除号贩子的生存土壤。

8. "香格里拉'桃源'不再"视频事件

2016 年 11 月 11 日，一位名为"茶韵茗香"的网友在腾讯视频上传了一则
名为"香格里拉'桃源不再'"，时长近 6 分钟的短视频，视频内容为央视《新
闻 30 分》栏目的一则报道，报道主题是"云南香格里拉旅游调查：一日游必须
参加藏民家访"，主要反映云南导游强制消费等不良问题（见图 16）。随后，该
视频在视频网站、微信朋友圈、微博等社交媒体上疯传，相关报道层出不穷，

引起舆论的广泛关注。网络上出现大片"整治香格里拉旅游"的呼吁，甚至引发一些对云南旅游的集体讨伐现象，舆论热度久居不下。截至 2017 年 3 月 26 日，该视频在腾讯视频上的点击量达 24.8 万次。

图 16　"香格里拉'桃源'不再"视频截图

但随后，舆情出现反转。11 月 14 日，香格里拉导游"二千次里"在朋友圈发出一则消息称："最近朋友圈疯传的香格里拉导游视频是 2013 年发生的事情，现在发出来是冒充新闻。"他指出，"视频上清清楚楚写了'10 月 6 日星期日'，而今年的 10 月 6 日是星期四"。

11 月 14 日当天，云南省旅游发展委员会在云南旅游政务网发布调查通报，证实该视频内容为 2013 年 8 月央视记者暗访云南旅游市场时拍摄，非 2016 年 10 月发生的事情。通报还特别强调该事件于 2013 年 10 月 6 日在央视《新闻 30 分》栏目播出后，省委、省政府领导即高度重视，已于当年 10 月对涉事旅游企业及当事人展开调查取证，依法作出了严肃处理，并向社会发布了相关处理情况通报。几年来，相关旅游部门不断对旅游市场进行净化与整治，真实情况非比当年，同时提醒广大群众及媒体保持警惕，敏锐识别谣言。

随后几天里，云南网、中华网、人民网等主流媒体网站纷纷发表辟谣新闻，将事件的前因后果一一阐明，舆情得到相对有效的控制。

9. "深圳女孩被警察盘查并强行带走"视频事件

2016 年 5 月 21 日，网友"Daisy－梦冰"在新浪微博上传了一则名为"流塘派出所警察言语暴力执法"，时长为 4 分 34 秒的手机拍摄视频，视频为当事人偷偷录下，内容为两个女孩于 5 月 21 日当天在深圳宝安过马路时被流塘派出所民警盘查身份证，因没带身份证而被强制传唤（见图 17）。在警车上，双方起了一些言语冲突。视频显示，开车男子身着警服，后座女孩质疑其警察身份，男子表示"假的（警察）你也要先配合"，另有一些粗鄙用语。随后几天内，该网友在微博上连发数条附带视频和文字内容的博文，但关注者较少，影响不大。

图 17    "深圳女孩被警察盘查并强行带走"视频截图

6 月 10 日，该视频在"不敢说话的屁民""曼谷亲王"等微博认证用户的转发下受到网友广泛关注，舆情逐渐升温。当天 13 点 23 分，"Daisy – 梦冰"在微博上发表文章详细说明了事件的全过程，人民日报、重庆晨报等媒体官方微博纷纷对其进行了跟踪报道，并在第一时间"@"深圳市公安局宝安分局官方微博"平安宝安"，与网友一齐呼吁相关部门出面处理。15 点整，"平安宝安"发布微博正式回应，表示已关注到网上转发的视频，市局、分局督察部门目前已展开全面调查，同时感谢社会各界对宝安警方执法工作予以监督和关注（见图 18）。网友对该条微博的评论量超 3 万条，其中所反映出的舆论整体态度并未转变，评论普遍认为该视频中的男子严重影响深圳警察形象，同时舆论逐渐将质疑对象由视频中的警察转为深圳甚至全国的警察机构。

**平安宝安** V

2016-6-10 15:00 来自360安全浏览器

我局已关注到网上转发的流塘所民警执法不规范的视频。市局、分局督察部门目前已展开对该情况的全面调查。感谢社会各界对宝安警方的执法工作予以监督和关注。

☆ 收藏          🔗 9713          💬 30862          👍 5843

图 18    深圳警方回应微博截图

6月10日当晚，"南方都市报"微博发布宝安警方公布的处理结果："当事民警停止执行职务，马上参加学习班，然后进一步处理。宝安公安分局局长周兆翔对两名当事人进行赔礼道歉。"6月11日0点30分左右，"平安宝安"再发微博表示已对该民警作出停止执行职务处置，同时分局领导和当事民警已向两名当事人作出了诚恳道歉，当事人也表示理解。

随后几天，人民网、搜狐视频、凤凰视频等各大视频新闻网站相继引用网络的爆料视频，对该事件及其处理结果进行了全程的报道解说，舆论热度逐渐回落。

10. "云南导游强制消费买翡翠"视频事件

2016年10月初，有网友在优酷发布题为"云南导游强制消费买翡翠"，时长为5分钟左右的视频（见图19），爆料云南导游强制消费买翡翠事件。视频中，女导游在大巴上要求大家购买翡翠需"诚信满满、件数满满、金额满满"，并表示"你今天要是挂着'鸡蛋'出来，在里边浑水摸鱼，那么我在车上是导游，我下了车，你要是针对我，我不是个导游，今天等着瞧。我在车上会跟你好好讲道理。在车下，你让我把饭碗都丢了，我不跟你讲别的，你今天别想走出云南这个地方，这不是恐吓。你像恶鬼般对待我，我还要像天使般对待你吗?"女导游类似的各种强制消费性语言使得该视频在社交媒体上被广泛关注和传播，截至2017年3月26日，其在爱奇艺的播放量达67.7万次，新浪微博的相关话题阅读量达131.3万次，网友纷纷评论表示"再也不敢去云南旅游"，"也曾遇到过这种情况"，"要求严查"，舆情热度一度高涨。

图19  "云南导游强制消费买翡翠"视频截图

10月10日，云南省旅游执法总队通过网络舆情监测发现网友上传的该视频。云南省旅游发展委员会即刻要求昆明市旅发委迅速展开调查并严肃处理，昆明市旅发委在同时监测到该条舆情及接到云南省旅发委督办要求后，迅速组织相关部门开展调查工作。

10 月 15 日，云南旅游政务网发布了一则题为"关于优酷曝光云南导游强制消费事件的调查处理情况通报"，该通报表示，根据调查结果，该视频中曝光的旅游团队属云南美伦旅行社有限公司，视频中的导游名为陈利利，该旅游团行程时间为 9 月 30 日至 10 月 5 日，此段视频由江西游客张某拍摄于 10 月 4 日上午进世博园游览前。事后，导游陈利利承认视频中的言行，云南美伦旅行社有限公司也承认是其委派该导游的导游业务。昆明市旅游监察支队已于 10 月 12 日对云南美伦旅行社有限公司作出罚款人民币 10 万元、吊销陈利利导游证并且三年内禁止其重新申请的行政处罚。

在舆情后期，各大主流媒体相继发表文章报道该事件的前因后果，例如金羊网于 2016 年 10 月 18 日发表《不买翡翠别想走出云南？黑导游被吊销导游证！》，详细介绍了事情的经过及云南政府部门的应对处理过程，舆情得以缓解。

## 四、2016 年短视频驱动型舆情的主要特点

### （一）微博微信成舆论聚集地，舆情进入"移动新常态"

事件本身具有突发性和随机性。随着移动智能终端和网络流量等技术的完善，移动化的物理场景可随时被上传至网络社交平台，由于短视频随拍随传，例如随时分享当下心情、随时发布周围活动、随时爆料突发事件，舆情的触发和传播进入"移动新常态"。

微博由于准入门槛低、即时性、公开性、互动性强等"广场性"[1] 传播特征，在舆论形成、酝酿、扩散等方面远超其他传统媒介，成为国内外重大网络舆情的主要载体之一。早在 2013 年 8 月 28 日，新浪即发布了内置"秒拍"功能的微博 4.0 版，如今用户在微博 App 上即可直接拍摄、编辑分享时长为 15 秒的短视频。同时，微博专门设立"视频"讯息一栏，提供时间长短不一、内容多样的视频资讯。微博集短视频生产、编辑、上传分享、传播、互动于一体，成为近年特别是 2016 年来国内重大短视频驱动型舆情的主要策源地和酝酿地。例如 2016 年 4 月的"海口暴力强拆妇孺被打事件"、2016 年 12 月的"甘肃高

---

① 祝华新、潘宇峰、陈晓冉：《2016 年中国互联网舆情分析报告》，李培林等主编：《社会蓝皮书：2017 年中国社会形势分析与预测》，北京：社会科学文献出版社，2016 年，第 231 页。

校教师让迟到学生互扇耳光事件"等，都是由网友在微博上爆料的视频而引起网民热议。除舆情策源地外，微博也是政府应对、媒体报道、网民议论等舆情全过程酝酿的主要载体。2016 年，各大政府或事件主体逐渐开始通过微博平台进行舆情应对处理，例如在"和颐酒店女生遇袭事件"中，女生遇袭的监控视频在网上被广泛关注时，涉事主体携程、如家酒店即刻通过官方微博发表声明，并与当事人在微博上发表博文公开沟通谈判，而北京警方也及时通过其官方微博回应网友要求彻查的呼声，并在后续向网友及媒体公布处理结果。

与微博的"广场"性质不同，微信由于高私密性、强关系性等特点在舆论生产传播过程中扮演着"茶馆"① 性质的角色。由于"茶馆"里熟人偏多，话题多涉及本地人和事，舆情区域性强，人们的关注点集中，舆论态度偏激，因此特定舆情的传播酝酿速度快。在短视频方面，微信于 2014 年 12 月 18 日首推小视频功能，用户可以在微信聊天时拍摄一小段视频与朋友分享。2016 年 12 月 12 日，微信发布 6.5.1 版本，将原本只能拍摄 6 秒的短视频功能延长至 10 秒，并且增加剪辑、合成、特效等视频编辑功能。微信本身"茶馆"的传播性质加之推出的短视频功能，使其成为短视频驱动型舆情的主要传播和酝酿地之一。但同时，与"广场"大范围的民众参与不同，"茶馆"范围相对较小，信息闭环传播，八卦、谣言肃清能力弱，导致人云亦云、以讹传讹，舆情管理压力较大。

### （二）热点话题多负面，真相谣言难分辨

短视频信息内容广泛，多为大众拍摄的日常周边生活、"围观"记录。从 2016 年一些被大众广泛关注并形成一定规模的舆论事件中看，其内容话题多为负面。其中拆迁、城管治理等政府执法冲突，校园暴力、消费冲突等社会矛盾以及交通事故、自然灾害等生活周边问题极容易被"围观"拍摄或被监控视频记录，这些内容往往涉及民生，大众自身代入感强，且话题敏感，情绪化严重，舆情膨胀速度快，影响力大。由于我国公民民主意识的增强、社会参与意识的提高，一些反映社会不足的负面信息更易被大众关注和探讨。出于行使参与权、话语权或宣泄情绪、释放压力等原因，大众对涉及精英、权力以及强势群体阶

---

① 祝华新、潘宇峰、陈晓冉：《2016 年中国互联网舆情分析报告》，李培林等主编：《社会蓝皮书：2017 年中国社会形势分析与预测》，北京：社会科学文献出版社，2016 年，第 231 页。

层的问题多以批判态度审视,舆情态度易倾向于否定、批判等。

随着短视频拍摄门槛的降低,其内容也时常出现良莠不齐、真假难分的情况。由于在社交媒体中传播的短视频一般时长为几秒到几分钟,拍摄内容并非全程,所传递的信息片面化严重,视频拍摄时间、地点、拍摄者等其中任何一处被掩盖都有可能妨碍人们对事件真相的全面了解。同时,视频拍摄角度和拍摄手法不同,传递的态度、观点也有所不同。一些别有用心者更可通过策划、剪辑、特效渲染等制作手段重新加工视频。相比以其他形式传播的谣言,短视频谣言凭借"眼见为实"的大众心理认知抢占先机,深入人心骗取信任。在一般大众的认知当中,视频相对文字、图片等形式更加全面和具有真实性,因此面对短视频传递的信息,人们的信任感致使其判断力下降,对谣言的抵抗力也相对较弱。特别是在"后真相时代"下,人们对真相的追求成本提高、重视程度下降,对谣言往往深究不够,被情绪左右,因此这种视频类型的谣言极易混淆大众视线、引导情绪态度,甚至使舆论是非不分、颠倒黑白。

### (三)舆情表现情绪化,文本表达娱乐化

纵观2016年以来发生的几大热点短视频驱动型舆情,其舆论态度相对情绪化与标签化,甚至出现舆论态势一边倒的现象。究其原因,一方面是由于短视频具有比文本、图像更强烈的视觉冲击性和情绪感染力,大众在观看视频后代入感强,能够立即引起共鸣、触动情感,从而理性思考能力被削弱,情绪化十足。同时,受"眼见为实"的大众认知影响,视频在大众心里可信度较高,加之普通大众缺乏对视频信息的真假辨识能力,舆论极易被视频所传达的态度和价值观所左右。另一方面,从大众心理角度来看,微博等社交媒体作为一种群体意见聚集平台,其参与者扮演的是群体一员的角色。聚集在一个群体中的人,他们的思想、行为和感情受传染与暗示的影响会趋向一个方向,受群体精神统一律的支配,形成集体心理,从而导致个性化消失,自我判断能力下降,情绪被原始的暴力本能控制。在"后真相时代"下的舆情事件中,群体往往群情激奋,爱借"真相"与"道德"之名讨伐"有罪方",但有趣的是,叫得最欢的往往又是离真相最远的一群人。这些人口口声声要求真相,但实际上,他们早已有内心认定的"真相",舆情极易趋向极端。同时,出于"匿名"参与状态以及"法不责众"的心理预期,有一大部分网民实则并不在意真相,他们发表言论及看法很大程度上只为跟风或解压,在"后真相时代"下,以短视频触发

类舆情为代表的民意更多是以"真相"之名，寻"泄愤"之实。

除易引发极端偏激类舆论外，娱乐化又是短视频驱动型舆情表现情绪化特点的另一个反映。"后真相时代"，也是消费主义、娱乐主义盛行的时代。从短视频形式来说，由于其信息量大，表现力十足，一些娱乐化的内容便极易引发相关自媒体和商业领域的关注和追捧。从媒体来说，一些网络自媒体为吸引资本，多以轻松、幽默甚至低俗信息获取关注与流量。而从舆论主体来说，随着"95后""00后"这批网络新生代用户的加入，舆论关注的议题逐渐从严肃的社会事件趋向于影视明星、网红等娱乐话题，例如王健林的"小目标"事件、"蓝瘦香菇"网络视频的流行。即使是在比较严肃的社会事件中，由于亚文化在社交平台的渗入，人们在参与社会事件时遇到一些无法解决的问题，便逐渐倾向于将其娱乐化解构，用网络词汇或表情包等形式变相讽刺和表达不满。在"后真相时代"下，人们在社会参与意识增强的同时，对事物态度的娱乐戏谑性也随之增加，舆论心态逐渐娱乐化。对于生活异常平淡或压力颇大的网友来说，事件真相不再重要，重要的是如何借事件热度发表情包参与话题、互相吐槽缓解压力，竭尽所能娱乐人生。

### （四）动态直观轻量，传播形式多样

短视频集声音、图像、动画于一体，动态性和直观性是其主要传播优势。短视频短小精悍，上传和观看所耗费的流量也小而轻量（具体耗费流量由视频格式和时长所定）。

由于视频形式本身的特殊性，其在传播过程中又可被制作成 GIF 动图或表情包。GIF 动图相比视频来说内存小、流量耗费少，且具有视频的动态性和直观性等优势，同表情包一起凭借夸张的动作形态和表情符号成为当下最流行的社交传播形式，深受网民及相关社交媒体的喜爱。作为短视频信息的衍生产品，GIF 动图和表情包能够快速吸引舆论，卷起社交狂潮，强势助推短视频驱动型舆情的热度。例如在傅园慧"洪荒之力"的舆情传播中，由傅园慧采访视频中截取的夸张表情制作而成的各种表情包在社交媒体上被广泛转载和使用，一定程度上为"洪荒之力"一词的传播和使用提供了强有力的舆论支持，使其一跃成为 2016 年度网络流行词之一。

短视频驱动型舆情除信息传播形式多样之外，其信息传播平台也广泛多样。目前国内短视频行业的产业链已初具规模，短视频生产传播平台可分三类：秒

拍、美拍等短视频综合平台；优酷、今日头条等短视频内容推荐平台；微博、微信朋友圈等短视频分享平台。① 这些传播平台的出现，一方面为多样化的短视频驱动型舆情创造了传播条件和传播内容，另一方面也为舆情应对带来新的课题和巨大挑战。

### （五）政府应对能力总体高于企业

从 2016 年一些涉及政府部门或企业主体的短视频驱动型舆情事件中可以看出，相对企业主体来说，相关政府部门的应对能力较强，应对速度快、效果较佳。无论是"甘肃高校教师让迟到学生互扇耳光"视频事件，还是"云南导游强制消费买翡翠"视频事件，政府一方面通过网络舆情监测系统发现源头视频，迅速采取行动开展相关调查和整治行动；另一方面熟练运用政务微博、政务微信，通过微博、微信等新媒体渠道对事件及时回应，在舆论上掌握话语权，同时与网友或媒体随时保持沟通，逐渐化解由信息不对称造成的隔阂，舆情应对效果较佳。而反观责任主体是企业的一些舆情事件，例如"和颐酒店女生遇袭"事件，企业应对速度相对迟缓，应对措施模棱两可，甚至引发另一拨舆论的批判狂潮。2016 年 7 月 30 日，国务院办公厅发布的《关于在政务公开工作中进一步做好政务舆情回应的通知》中，对政务舆情监测系统，应对速度、渠道，以及应对方式步骤都一一作了指导规划，为我国今后的整体政务舆情应对作出了更加强有力的指挥。

### （六）新生代网络用户强势进驻，舆情态势进入新时期

2016 年，随着"95 后""00 后"等一批新生代用户在社交平台上的强势崛起，以往由"70 后""80 后"主宰的舆论"江山"出现了更新换代的现象。年青一代的用户出生成长于互联网时代，他们对短视频社交的习惯程度相对高于传统"70 后""80 后"用户，是短视频驱动型舆情的主力军之一。作为重要的舆情参与者之一，新生代凭借其本身具有的二次元文化、民族自信等特征，将网络整体舆情态势转向娱乐化、正能量方向。相对上一辈人总爱关注国家层面的政治、民生话题，新生代关注的舆论话题多偏向于影视明星、游戏动漫等娱

---

① 《2016 年中国短视频行业发展研究报告》，艾瑞咨询，2016 年，第 18 页，http://report. iresearch. cn/report_pdf. aspx?id = 2643。

乐类。同时，对一些涉及国家形象、主权利益的事件，面对由"愤青一代"引发的对内责骂一边倒的舆论态势，新生代秒变"小粉红"①，敢于积极表达爱国情怀，并对国家民族拥有一定程度的文化自信心，将舆论态势拉回正轨，正能量宣传各种舆情事件。

## 五、结论与建议

2016 年是短视频驱动型舆情强势爆发的一年，短视频凭借即拍即传、直观性强等特点成为信息传播和社交的主要形式之一，在舆情驱动方面也初露头角。2016 年的几大热门舆情事件，都是由社交平台上的某则短视频所直接触发或间接助燃而引爆社会，可见短视频在舆情传播中的作用和影响力正急速上升。而在这些短视频驱动型的舆情中，话题多以社会周边的民生问题和娱乐为主。传播策源地集中在微博等"广场式"舆论场，舆情酝酿地则分散在微博、微信、自媒体以及传统媒体等各大媒介平台中。同时，相对于文字或图片形式，短视频的感染力和情绪化较重，其驱动的舆情事件也具有更强的情绪化表现，矛盾更集中、舆论偏负面、娱乐化严重。

基于以上分析与认识，我们提出四项有利于短视频驱动型舆情管理的建议：

1. 提高政府舆情反应速度，强化舆情应对能力

由于短视频触发类舆情具有突发性、传播迅速性等特点，政府应更加注意增强自身应对能力，提高反应速度，及时回应网民质疑、消解舆论困惑、澄清谣言并缓解网民情绪。一方面，加强对短视频触发类舆情监控技术的发掘，完善视频舆情监控系统及预警机制，及时分析并进行舆情预警。全方位有针对性地对一些舆情重点酝酿平台例如微博、微信中最新上传的视频消息进行 24 小时监测，并通过相关分析模型对视频中的文本、语音、图像等元素进行提取、分析，从而判断相关视频信息内容的性质，过滤一些假新闻或谣言，抑制一些负面舆情的触发。同时，也能够在相关舆情迸发之初迅速反应，及时采取措施。另一方面，在学术领域加大对短视频触发类舆情的理论研究，从策源地、传播形式、传播平台、内容类型、舆论价值取向、影响范围等多方面出发分析其特

---

① 祝华新、潘宇峰、陈晓冉：《2016 年中国互联网舆情分析报告》，李培林等主编：《社会蓝皮书：2017 年中国社会形势分析与预测》，北京：社会科学文献出版社，2016 年，第 231 页。

点、风险等,从而提前制订有针对性的舆情应对方案,在实际舆情应对中迅速采取措施。例如,应对因篡改时间、地点而形成的视频假新闻,最好的方法是以视频澄清视频。获取一份正确时间或正确地点的视频并公布,以视频本身直观性强、可信任度高的特点肃清谣言。

2. 理性回应感性需求,合理把握应对"度数"

短视频驱动型舆情具有表现情绪化的特点。受视频直接呈现出来的画面情节影响,受众情绪多激动和负面,其需求和呼吁也偏感性。对此,政府及相关责任主体的应对需直接和理性,应及时回应以表明立场态度,同时启动相关调查机制,开展事实调查。合理控制应对力度,既要对舆论所反映的事件一一细查核对,也勿因舆论热度而被迫篡改调查和审判结果;合理把握应对温度,既要根据调查结果理性处理事件,也要注意人文关怀,防止二次伤害引发二次舆论。

3. 完善相关法规,规范短视频行业市场

建立相关法律法规,规范短视频触发类舆情的生产传播平台。针对目前短视频平台多且混乱、行业难管制的现象进行揭批和管理,通过建立惩罚机制对持续发布假新闻、恶俗内容的社交网络 App 或个人账号进行严惩,例如对经核实确认为发布假新闻或有害信息而未在特定时间内删除的媒体或个人账号采取罚款、封号或拘留等惩罚。由此对一些猎奇、暴力、低趣味的视频内容进行严格控制,肃清谣言或恶俗信息,防止其酝酿出严重的舆情事件、消解主流意识形态或污化网络空间。同时提高短视频行业自律性,通过市场规范竞争等形式提升行业整体视频的质量。

4. 提高受众短视频信息接收能力

针对"后真相时代"下短视频类谣言较多的问题,需提高受众对短视频信息的接收能力和媒介素养。其一,提高大众对相关社交媒体或短视频类 App 的使用控制能力,防止其在使用过程中过度依赖,沉迷上瘾;其二,提高搜索、接收有效信息并对其进行初步辨识分析的能力,对网络上的一些短视频内容,要根据自身知识对其真实性、权威性进行综合推理判断,提升辨识真假以及理性观看的能力,防止被谣言所控制,被情绪所左右;其三,作为信息生产者,要有良好的信息管理能力,包括对信息生产的管理能力、对已获信息的整合能力,避免拍摄上传假新闻、谣言或者内容低俗的短视频,同时对他人上传的碎片化信息要有归纳综合以及重组的能力;其四,提高网络社区协作和参与能力,要形成集体智慧而非"乌合之众",与他人共享知识、交换想法,尊重各方意见,防止被暗示、传染,出现群体极化现象。

（原文刊载于《舆情观察（第 13 辑）》,北京:人民日报出版社,2017 年。原题为"2016 年短视频驱动型舆情研究报告——'后真相'时代下短视频舆情的现状与特点"。作者:朱磊、苏婷婷。有改动）

# 舆情产品的生产主体、流程、类型和特质

## 一、舆情产品与舆情产品研究

舆情产品，是近年来兴起的可用于舆情监测、管理和分析研究的新型信息服务平台或产品。也有学者从不同视角，称之为"舆情信息产品"或"舆情监测产品"。从广义上来讲，舆情产品包括市场上的各种舆情监控软件、信息服务系统和产品；从狭义上来讲，舆情产品主要指的是各类舆情信息刊物。

舆情，作为公众对社会现象或问题的意见、态度和情绪等的集中体现，对社会的政治、经济以及文化的发展有着十分重要的影响。舆情产品，作为掌握舆情动态的重要平台和渠道，也在不断升级换代。在历史上，传单、书籍、报纸、杂志、电报、广播、电视等媒体，都曾经是反映舆情的重要手段。而在今天，随着互联网技术的飞速发展，移动互联网和新媒体技术的广泛应用对党政机关和各大企业的舆情监控能力以及相对应的舆情产品提出了更高的要求。2003 年，新华网开始向相关部门呈交舆情报告。2008 年，人民网舆情监测室出版"史上最贵的杂志"——《网络舆情》，并组建了一套较为完整的网络舆情监测体系，标志着"网络问政"格局下舆情产品的进一步创新与尝试。① 如今，舆情产品已被揭开了神秘面纱，从"内部参考"到"公开售卖"，从"专题专报"转向"综合服务"，在产品形式更加多样化的同时，研究深度和监控范围也进一步扩大，舆情产品呈现出蓬勃发展的态势。

与此同时，我们也不能忽视那些与舆情产品相关的研究成果。在舆情产品的技术开发层面，相关研究主要围绕舆情监测平台的开发和设计展开，如卫伟的《基于 Web 舆情的意见挖掘关键技术研究》以及万源的《基于语义统计分析的网络舆情挖掘技术研究》，均对网络舆情的挖掘技术进行了深入分析。在舆情产品的服务运作层面，相关研究主要围绕舆情产品的服务机制和服务体系的梳

---

① 罗婷、李成：《如何开发舆情监测产品？——人民网舆情监测室的运作模式》，《中国记者》2010 年第 6 期，第 56 - 58 页。

理、构建而展开。罗婷和李成的《如何开发舆情监测产品？——人民网舆情监测室的运作模式》，对人民网舆情监测室的整体运作进行了全面分析，对整个体系的流水化产品作业方式和特点进行了概括和梳理。麦淼与杨文标在《充分利用微信公众开放平台打造移动舆情产品服务》一文中更是对微信公众平台的舆情服务进行了多视角的解读。张垒的《舆情信息产品：现状、困境与趋势》就舆情信息产品的具体内容及制作流程、未来发展趋势等做了较为深入的分析，在整体概念层面对舆情产品进行范畴界定和内容梳理。[①] 这些应用性研究，对舆情管理和产品开发人员理解和开发舆情产品有着重要的参考价值。

## 二、舆情产品的生产主体与流程

### （一）生产主体

随着社会各界对舆情的日益关注与重视，舆情产品的种类和数量在近年内呈现激增趋势，媒体、企业、政府和高校都先后参与到生产舆情产品的行列中，张垒从信息发布视角出发将这四类组织称为舆情产品的"发布机构"[②]，若从产品生产视角来看，称之为舆情产品的"生产主体"更为合适，可分为媒体、企业、政府、高校、联合体五类：

一是媒体，即主流媒体及新闻网站。这类生产主体依托海量舆情信息源和专业性较强的编辑队伍，帮助政府部门和企业抓取舆情信息，把握舆情动态。媒体作为舆情产品生产者的优势在于，它不仅拥有大量的优质信息和优秀舆情人才，而且拥有舆情产品的推广、发布渠道。

二是企业，主要是指软件开发、技术服务、调查咨询类企业。这类生产主体多以优越的技术实力取胜，根据其他生产主体的需求，有针对性地研发舆情监测产品。企业在舆情产品生产中更多的是扮演舆情产品"部件供应商"的角色，不在"台前"，多在"幕后"，因此其技术实力与公众知晓率往往不相对称。

三是政府，主要是指国家党政机关和有关部门负责宣传的机构。这类生产

---

① 张垒：《舆情信息产品：现状、困境与趋势》，《现代传播（中国传媒大学学报）》2011 年第 10 期，第 68 - 73 页。

② 张垒：《舆情信息产品：现状、困境与趋势》，《现代传播（中国传媒大学学报）》2011 年第 10 期，第 68 - 73 页。

主体或独立开发舆情产品，或与其他生产主体合作，委托定制或合作开发具有特殊需要的舆情产品，其产品一般用于向上级领导或相关部门报送特定部门或特定区域的舆情状况，或用于部门舆情应对业绩考核。产品形式往往以中央各部门和各级政府的舆情内参报告为主，一般不进行市场化运作。

四是高校，主要包括各大高校研究中心或学术研究机构。这类生产主体以夯实的学术理论研究为基础，结合院系特色或与其他生产主体合作，开发各类舆情研究模型，出版舆情研究著作，发布舆情研究报告。其舆情产品大多理论性强，可信度高，但市场化程度较低。

五是联合体，主要是指以上四类主体的联合体。产学研相结合，共同研发，共同发布，这类形式的生产主体，聚合媒体之传播、企业之技术、高校之公信、政府之权威，集各家之所长，往往有一定的质量保证和社会影响力，但因牵涉多方，其舆情产品的可持续性往往不强。

### （二）生产流程

舆情产品的生产与制作因其种类的多样而体现出差异，但总体上来讲，无论是舆情专报、刊物还是舆情监测软件和平台，其生产过程大体都要经历三个阶段：信息采集阶段、内容处理阶段和舆情服务阶段。生产主体通过信息采集、数据处理以及分析服务，生产出各类满足市场或研究所需的舆情产品。

1. 信息采集阶段

这一阶段主要运用互联网技术采集各类网页、新闻媒体、BBS论坛、微博、微信以及其他数字源中的舆情热点信息。这一阶段的工作主要由舆情监测系统来进行，其效率大大超过传统的人工作业。舆情监测系统可实现海量信息的实时监测和自动抓取，客户在获得监测系统使用权后，一方面能满足其对实时信息的整体把握，另一方面也能满足其对关键词的精准检索。

2. 内容处理阶段

这一阶段先对抓取到的信息内容进行消重、标签、分类、关键词统计等"粗加工"，然后才可实现进一步的语义分析，从而实现对海量信息的筛选、编辑和量化处理。

3. 舆情服务阶段

主要根据产品展示的需要或客户需求进行数据可视化处理、文字再编辑以及培训咨询服务。舆情监测系统可通过自动生成舆情信息简报、专家舆情热点趋势分析等辅助有关部门和企业进行舆情监控和决策应对。舆情专报或刊物则主要由"舆情分析师"根据需求进行舆情指数化处理和舆情分析与研判,最终可生成内部参考专报呈送上级领导或公开发行。

## 三、舆情产品的类型

有学者将舆情产品分为资料类、数据类和服务类三类①,似乎不妥。有的产品既是资料类也是数据类,还有的产品既是数据类也是服务类。从舆情产品的转移形式来看,大多数舆情产品都属于服务类产品,可分为软件服务类产品和咨询服务类产品两类。软件服务类产品又可分为软件开发服务类(有实物转移)产品和软件使用服务类(无实物转移)产品两类。而咨询服务类产品可分为有形产品(舆情报告等)和无形产品(培训咨询等)两类。

### (一)软件服务类产品

软件服务类产品可再细分为两类:一类是伴随实物载体转移的舆情监测分析系统或分析模型,如在线调查系统、舆情监测与分析软件、(为客户定制的)舆情指标模型等,一般都要配合服务器、终端设备等实物产品,客户既拥有产品所有权,也拥有产品使用权,但需要额外支付系统运营和维护费用;另一类是不发生实物转移的服务类产品,如舆情监测客户端、舆情数据库客户端等。客户通过账号授权等方式,在合同期内拥有产品的使用权,但不拥有产品的所有权。由于大多数软件服务类舆情产品可重复用于不同客户,对生产者而言,可节省大笔开发费用,因此其利润率要远高于咨询服务类产品。

### (二)咨询服务类产品

咨询服务类产品,从最终呈现形式来看,可细分为有形产品和无形产品两类。有形产品就是有实物形态的咨询服务,刊物类产品是这类产品中最主要的形式,包括定期或不定期呈送或出版的舆情专报、舆情内参、舆情刊物、舆情分析报告等。其中,舆情专报或舆情内参这类产品重点关注每日甚至每时的社

---

① 张垒:《舆情信息产品:现状、困境与趋势》,《现代传播(中国传媒大学学报)》2011 年第 10 期,第 68 - 73 页。

会热点和敏感事件，舆情分析高度凝练、概括，以便及时呈送给上级有关领导批示，具有较强的时效性。从报告频次来看，舆情报告已存在速报、日报、周报、月报和年报等多种形式，如人民网舆情监测室出版的《网络舆情》每周双刊，暨南大学舆情与社会管理研究中心和凯迪数据研究中心合作的《舆情观察》每年出版4辑。舆情咨询服务中的无形产品是指没有实物形态的舆情咨询服务，如需要依靠人工来完成的舆情收集、处理、分析、咨询、培训服务等。

在实际业务中，舆情产品的销售主体，多运用各类舆情产品组合的方式，以"整体解决方案"或"舆情研判服务"等名义进行市场运作。

## 四、未来舆情产品的特质

随着舆情研究的不断深入与创新，舆情产品的发展也渐趋成熟。回顾当下的舆情产品，在内容质量和可读性方面仍有待进一步提高。面向未来的舆情产品，需具备以下几个特质：

第一，实时化。舆情信息的实时抓取是舆情研究的基础工作，在此基础上，实现舆情产品的实时传送也并非妄想。目前，在舆情产品的使用过程中仍会出现漏采信息和冗余信息过多的情况，这不仅对内容分析的过程造成困扰，也会极大削弱舆情产品的时效性。要实现舆情产品的实时化，首先要实现舆情流程扁平化，提高舆情产品的生产和传递效率。例如，自助式在线舆情检索服务、舆情报告自动生成系统、舆情专家在线咨询系统都是实现舆情产品实时化的有效方法。

第二，可视化。可视化是研究结果最直接的呈现，对未来的舆情产品而言，文字与数据的有效结合至关重要。在大数据时代，信息轻量化是时代的要求和发展的趋势。要实现舆情产品可视化，提升交互性和强化设计感是其不断创新和改进的方向。

第三，预测性。舆情产品的价值不仅体现在对舆情热点的梳理和分析上，还体现在对事态发展和走向的预测中。一方面，未来的舆情产品要注重通过对舆情的深度分析与研判对舆情发展进行预测，为政府、企业乃至个人的舆情应对提供决策指导；另一方面，通过大数据技术，舆情产品尤其是舆情监控系统要重视舆情预警和预测机制的构建，以便提前预警和引导事态发展。

第四，平台化。舆情产品要实现平台化，需要整合多个舆情数据库，也需要进一步扩充舆情案例数量和类目，结合服务器自主学习，构建舆情分析、研判和预测一体化平台，以增强舆情监测和舆论引导能力。

（原文刊载于《岭南传媒探索》2015 年第 7 期。作者：李娜娜、朱磊。有改动）

# 网络舆情与城市社会管理的关系模式初探

## 一、网络舆情与城市社会管理

舆情是公众对涉及自身利益的公共问题所表达的意见和态度。随着信息技术的发展和城市化进程的加快，网络媒体已经成为城市居民认知和评价城市社会管理和公共政策的最重要媒体之一。在城市社会管理的语境中，网络舆情就是公众（主要为市民）通过互联网就城市相关的公共问题向社会管理者所表达的意见、态度的总和。

城市社会管理作为城市政府职能的重要组成部分，涉及城市居民最基本的生存生活问题，对于城市的稳定和健康发展具有重要意义。关注城市网民意见，把握城市网络舆情，已经是城市社会管理中不可或缺的重要一环。从网络舆情的发展态势来看，网络舆情既会对城市社会管理产生重要影响，也能为城市管理者的决策提供意见参考。某些自下而上的民意表达甚至使一些原先没有纳入城市管理者决策范畴的内容列入了议事日程，改变了城市社会管理和公共政策的方向。中国社会科学院有关调查研究称，近七成的网络舆情事件"起到了推动政府解决问题的正面积极作用"。[①] 暨南大学舆情研究中心的一项民调（内部调研，未公开发布）结果也发现，网络舆情已成为政府决策时听取民意的最理想渠道，54.5%的市民认为政府制定政策时应当通过网络舆情来了解民意。总而言之，网络舆情已经成为推动城市社会管理发展的重要力量之一。

然而，当前我国的城市社会管理在对网络舆情的处理上却存在着两大现象：一是对网络舆情所反映的问题抱着"应付"的态度，轻视网络舆情的作用，不在乎网络舆情的发展结果；二是对网络舆情表现出"对付"的心态，虽然重视网络舆情的发展，但是在处理网络舆情中所反映的具体问题时缺少坦诚，不能及时彻底地解决实际问题。如此应对舆情，最终都会导致公众和城市管理者之

---

[①] 张然：《社科院报告称：近七成事件由网络舆论推动政府解决》，《共产党员》2011年第15期。

间产生沟通障碍，形成官民对立，引起干群矛盾激化。

由上可见，网络舆情与城市社会管理之间的关系问题是亟待解决的重要课题，是关系到城市社会管理主体能否掌握舆论话语权的根本问题，对未来城市的稳定发展具有极为重要的现实意义，对城市管理科学的发展具有重要的理论价值。本文将就此问题进行探讨。

## 二、城市社会管理中网络舆情的特征

依托于网络平台形成的网络舆情和传统舆情相比，显得更为多变复杂。城市管理者对网络舆情的认知、理解和把握程度直接影响到城市社会管理行为和公共政策的制定。目前国内虽有大量网络舆情的研究，但从城市社会管理的视角来观照网络舆情的特征的还为数甚少。笔者结合网络舆情和城市社会管理方面的实践经验，参照国内外网络舆情相关论述，认为城市社会管理中网络舆情具有以下五大特征：

### （一）主体隐匿性

"在网络上没人知道你是一条狗。"这是当代美国画家斯坦纳的漫画作品中对网络主体隐匿性的经典表述。公众是网络舆情重要的传播主体，而网络媒体的自由性和平等性决定了公众可以不用真实身份在网络上发言，成为匿名主体。在城市社会管理中，网络匿名主体对舆情的影响有以下几方面：首先，身份的隐匿性能够激发公众自由释放自己强烈的表达欲望；其次，身份的隐匿性使公众感到安全，一部分揭露城市社会管理黑暗面的声音得到表达和宣泄；再次，身份的隐匿性也会使部分公众在发表意见时缺乏社会责任感，观点和言语走向极端，使得网络舆论有时呈现出非理性的特征；最后，身份的隐匿性使意见表达者言辞内容的真实性、合理性难以得到正确判断，从而造成假冒信息甚至是虚假民意。以上前两者对城市管理者的决策具有积极意义，而后两者则具有消极甚至有害的影响。

### （二）议题公共性

尽管网络信息所涉及的城市社会问题和事件包罗万象，但是从利益维度上来看，和城市社会管理相关的网络舆情讨论的是多数人的"私利"，即公益，也就是和公众（主要是市民）自身利益相关的社会公共问题。公众是网络舆情表达的主体，同时也是社会生活的主体，只有与公众生活密切相关的城市社会管理话题，才会引起公众的关注进而产生共鸣，继而对现实生活产生影响，例如收入、物价、交通、治安、医疗、社会公平等话题长期成为网络讨论的热点就集中体现了这一特性。

### （三）渠道多样化

从空间维度来看，城市社会管理中的网络舆情表现为多元性、互动性、分享性。首先，开放的网络环境，使新闻网站、BBS、博客、微博、即时通信软件之间能够实现交叉互动，进而使各种言论、观点和意见能够在网上交汇激荡，如潮涌一般汇聚成不容忽视的网络舆论声势；其次，除了网络间媒体的互动，城市社会管理中网络舆情和传统媒体的互动也越来越频繁，线上线下信息联动，形成强大的舆论声浪，最终对现实生活产生影响；最后，开放性网络结构彻底打破了时空的间隔，实现了网络信息内容的共享性。城市社会管理中，渠道多样性特征使网络舆情具有远超于以往传统舆情的广泛影响力。

### （四）言论情绪化

从情感维度上看，网络舆情中的非理性言论多于报纸、电视等传统媒体。由于网络的社会规则弱化和主体的隐匿性，公众在网络上能更加自由和充分地宣泄情感。在城市社会管理中，由于事件本身涉及公众的切身利益，公众情绪表达更易冲动失控。网络舆情言论往往并不是理性思考的结果，而是带着强烈的感性化、情绪化色彩。同时，在开放的网络空间中，公众的情绪在信息共享过程中相互感染，从而使情绪化、非理性的言论更容易快速扩散。

### （五）效果瞬时性

从时间维度上看，网络舆情的出现具有突发性。在城市社会管理中，由于涉及公众的切身利益，公众意见快速进入，网络舆论的形成也非常迅速。一石激起千层浪，存在的事件加上情绪化的意见，就能迅速引起其他利益相关者的响应，各方意见和观点融合激荡，从而快速形成声势浩大的网络舆情。在初期的情绪得到宣泄后，各方逐渐冷静，开始理性思考，网络舆情声势又会迅速减弱，表现出"瞬时爆发，随即消散"的特点。尽管大多数网络舆情会"稍纵即逝"，但是，碎片化的网络舆情若不能得到及时回应，也会以类相聚，构成强有力的"舆情链"，最终将改变或强化公众对某一事物或群体的印象。

## 三、网络舆情和城市社会管理的三种关系模式

在短短数年间，众多案例表明网络舆情在城市社会管理中发挥着独特的作用，从2003年的"孙志刚事件"到2009年的"上海交通钓鱼执法事件"，再到"网络问计"等，网络舆情与城市社会管理的关系也发生着一定的变化。结合我国实际案例分析，笔者认为网络舆情和城市社会管理有以下三种关系模式：

### （一）刺激模式

刺激模式即城市社会管理被动接受网络舆情监督，是指在已经形成了一定的网络舆情监督压力，甚至引发了一定的线下群体行为之后，城市管理者才对冲突事件进行反应，被动接受监督后作出决策（见图1）。这属于一种比较原始的网络舆情与城市社会管理的关系模式，在我国的网络舆情发展中，此种关系模式的案例数量最多，其中的典型事件如厦门PX（对二甲苯）项目迁址事件①。

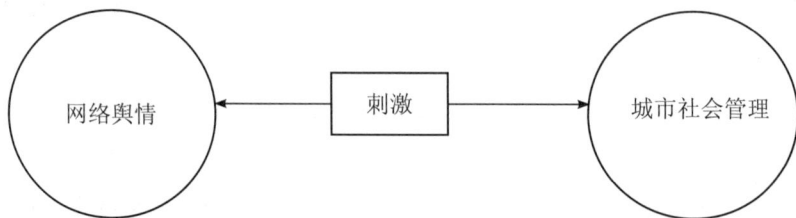

**图1 网络舆情与城市社会管理关系模式之一：刺激**

厦门市海沧区PX项目是2006年厦门市引进的一项对二甲苯化工项目，总投资额高达108亿元人民币，号称厦门有史以来最大的工业项目。然而，2007年3月两会期间，厦门大学化学系教授赵玉芬联合其他104名政协委员，向政府提交了一项建议暂缓建设、重新选址勘查的提案。同月，厦门籍独立作家连岳在《中国经营报》上获知厦门PX项目的影响后，将消息转载到自己的

---

① 袁越：《厦门PX事件》，《三联生活周刊》2007年第37期。

博客——"连岳的第八大洲"上，并将其取名为"厦门自杀"。该博文引起网民的热议，信息随后扩散至厦门市的热门论坛和众多市民 QQ 群。在广泛的网络传播后，厦门市民相约到市政府门前"散步"，形成了强大的舆论压力，最终，福建省政府和厦门市政府决定将该项目迁建至漳州古雷半岛。

厦门 PX 项目的迁址是城市管理者在受到网络舆情的刺激，被动接受网络舆情监督的情况下，依据民意所向作出的相关政策反馈，最终实现民意推动下的政策变更。事件中，厦门当地传统媒体出于某些原因集体失语后，网络论坛、QQ 即时通信、MSN、电子邮件等网络传播方式发挥着不容小觑的作用。这些网络平台将公众个体分散的力量聚集起来，将无数微小的个人呼声放大转换为强大的集体呼声，使民意不断得到放大，既改变了公众参与方式，又增加了公众参与的深度，最终促使政府改变决策。但此种模式下，城市管理者在整个信息传播过程中都处于被动状态，城市社会管理一直滞后于网络舆情的监督，在事件处理上易受舆论制约，效率较低，造成社会不稳定的风险较高。

### （二）沟通模式

沟通模式即城市社会管理主动接受网络舆情监督，主要是指城市管理者及时获取信息并参与到网络讨论中，主动接触、了解网络舆情所反映的问题，进行事件处理（见图 2）。城市社会管理和网络舆情的沟通常借助政府相关的官方网站留言板、论坛、网络信箱、官方博客等渠道而实现，这是现阶段我国主要采取的一种模式。2010 年江苏常州市市长网上"自辩"就是其中的典型案例之一。①

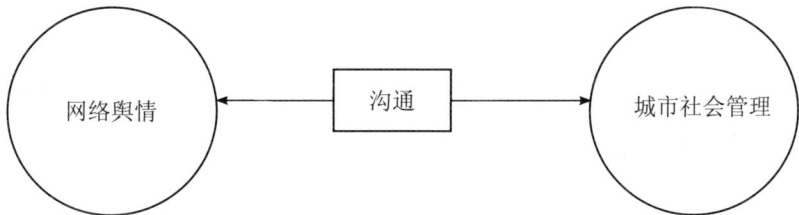

图 2　网络舆情与城市社会管理关系模式之二：沟通

---

① 杨明奇：《常州市长网上"自辩"的背后》，《瞭望东方周刊》2010 年第 4 期。

2010 年 2 月 19 日，网友"村人"在常州几个网站的论坛上发表了题为"2.9 亿，为了亮？还是为了黑？"的网帖，该帖对常州的"亮化工程""一边在做生态建设和保护，一边肆无忌惮地破坏生态环境"① 提出质疑，引起网民疯狂转载。而后，"村人"将矛头直指常州市市长王伟成，并再次撰写了《2.9 亿，一块五味杂陈的蛋糕！》的文章，质疑王伟成批准"亮化工程"的动机，此事再次迅速形成一个网络热点。市长王伟成在 3 月 2 日左右发表了 4 000 余字的文章《不猜疑、少争论、防折腾，凝心聚力建常州》，针对帖子中的四点质疑一一进行回复，同时王伟成还十分坦然地解释自己的动机，并真诚地表示愿意接受人民群众的批评和监督。常州市市长真切的网络"自辩"得到了网民的掌声，众多网民表示了对政府决策的理解。一次真诚的网络"对话"化解了市民与城市管理者之间沟通不畅的矛盾，城市管理者的决策也得到了更好的诠释和理解。

对"亮化工程"质疑的消解是城市管理者主动与网民沟通的结果。本次事件中，在意见领袖的带领下，网民对有争议的城市社会公共话题进行了网络意见的聚集，快速地形成了网络舆情，政府部门面对网络舆情监督压力，不再像以往那样回避或者置之不理，而是市长以城市管理者的身份主动与网民进行了沟通对话。这种积极的对话，展现了城市管理者心为民所系的服务意识。通过对话，城市管理者的意见观点也能参与到网络舆情的发展中，同时此举也遏制了网络舆情得不到回应而往线下蔓延的趋势。事件相关政策的解释说明回应了网民的质疑，同时也加深了网民对政策和城市管理者的理解，大大降低了社会不稳定的风险。

### （三）邀约模式

邀约模式即城市社会管理主动邀请网络舆情介入，主要指城市管理者主动关注并制造公共话题，利用一定的网络平台设置议程，邀请网民参与，形成网络舆情（见图 3）。邀约模式是网络舆情参与城市社会管理的高级模式，在此模式下，网民完成的不仅是监督权的行使，也是参与权的行使。我国部分城市目前所实行的"网络问计"就是此模式的现实诠释，广州的"'迎接亚运会创造新生活'——当好东道主，请你来献策"的公众意见网络征询活动就是此模式

---

① 杨明奇：《常州市长网上"自辩"的背后》，《瞭望东方周刊》2010 年第 4 期。

的一个非常成功的范例。①

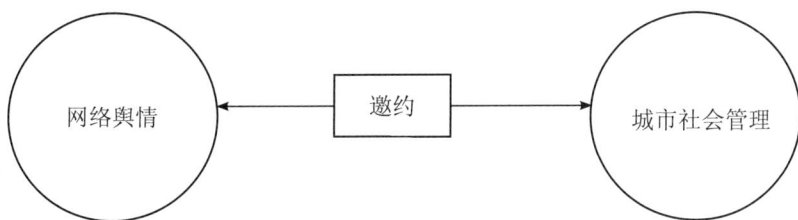

**图3　网络舆情与城市社会管理关系模式之三：邀约**

2010 年广州亚运会举办之前，为充分倾听民声、疏导民意、吸纳民智，与广大市民携手办好亚运会，共同创造新生活，2009 年 9 月广州市政府与大洋网搭建"网络问计"平台。问计平台下设置环境整治、城市管理、综合保障、文明市民、"后亚运"五大议题，邀请市民大胆建言、积极献策。在问计平台和大洋论坛里，广大网民纷纷"灌水""拍砖"，总点击量有 861 万多次，提交的较高质量的意见和建议超过 100 条。

城市社会管理主动邀请网络舆情介入，网民在参与中既献计献策又实现了网络监督。城市管理者作为组织者提出议题，媒体策划设置网络平台引发讨论，最后选出网民意见领袖作为公众代表，延伸到线下公共领域，实现网络舆情进入城市社会管理与公共政策范围。邀约模式体现出三点优势：一是这种模式在一定程度上弥补了单一网络言论存在情绪性的不足，经过线上和线下两大公共空间的充分讨论，公众意见的收集范围也更具代表性；二是该模式在话题内容上能满足城市社会管理和公共决策的需求，同时又能在一定程度上满足网络舆情的城市社会管理和公共政策的参与需求；三是城市管理者作为组织者存在，确保了话题讨论过程的有序性，运作更加高效。

## 四、网络舆情视域下的城市社会管理创新

加强社会建设和管理，推进社会管理体制创新是中国共产党在十六届四中全会中提出的重要战略决策。城市建设发展也应把社会管理创新放在首要位置来谋划和推进。笔者认为，根据前述网络舆情和城市社会管理关系的三种模式，

① 《"迎接亚运会创造新生活"——当好东道主，请你来献策》，http://www.dayoo.com/wenji。

从网络舆情的视角来看，可从以下三方面的创新工作来推进城市的社会管理。

### （一）平台创新

城市管理者应加强利用新媒体、新技术形式，探索新方法、新思路，拓展整合沟通渠道，完善官民对话和邀约平台。结合当前网络舆情的发展态势，除了现有的主流网络媒体途径，迅速发展中的媒体途径也应得到重视。在"微博热"的背景下，成都市政府新闻办于2010年6月开通了官方微博"成都发布"，除了公开通报政府信息外，还在线直播各类突发公共事件，在不到1年半的时间内，其粉丝数已经迅速增加到150万（截至2011年10月），极大地扩展了政府和市民的互动对话空间，提高了城市社会管理的效率。如今，新技术发展下，智能手机的无线网络使用率进一步提高，平板电脑的普及已不仅仅是一种时尚，网络使用的空间移动性和互动性达到前所未有的程度，而每一次网络平台使用的革新都将深刻影响未来网络舆情和城市社会管理的相互关系。城市管理者应时刻关注网络平台的发展，把握网络舆情载体的最新动向。

### （二）内容创新

市民也是城市社会管理的主体。城市管理者应通过网络平台广泛邀请市民主动参与到城市社会管理中，提升市民的城市社会管理投入度。在暨南大学舆情研究中心的城市归属感调查中，我国城市居民关于"投入度"（即受访者认为所居住城市发生的事情和自己密切相关的程度）指标历来是最低的一项。①行为经济学中的"宜家效应"提示我们，人不是理性人，他们会高估通过自己劳动所获得的成果，珍视它，爱惜它。根据"宜家效应"的启示，城市管理者应从网络舆情所反映的问题的根源——参与缺位引起的市民对城市社会管理的质疑，从工作内容上进行创新，引入市民通过网络来参与的机制。

在大中城市社会管理中，我们可以将简·雅各布斯的"街道眼"概念进一步延伸，在城市社区论坛、微博等网络平台中植入"街道眼"，通过网络舆情来发现并杜绝各种现实问题和不良现象，提高城市社会管理的效率。例如常州市在交通管理方面邀请市民参与"街拍违停"发微博活动，市民是举手之劳，

---

① 夏扬：《最新调查显示：广州居民在亚运期间城市归属感大幅提升》，《羊城晚报》，2010年11月23日第A04版。

但此举却能有效弥补执勤管理民警时空管理的空白点，对交通违规等行为起到震慑作用。

### （三）制度创新

在城市社会管理中，良好的信息沟通渠道需要一定的管理制度来保障。自 2009 年 7 月以来，江苏南京、常州，广东佛山，云南昆明等多个城市已建立"网络发言人"制度。城市管理者在网络平台搭建中，应将"网络发言人"和平台建设紧密联系在一起，以便及时向公众发布消息。创新管理制度，并把制度落到实处，问责反馈处理及危机管理的规范化都需加强。只有在一个良好、完善的城市社会管理制度下，网络舆情的良性作用才能得到真正的发挥。

（原文刊载于《城市观察》2011 年第 5 期。作者：朱磊、方媛。有改动）

# 参考文献

## 一、著作

［1］［德］哈贝马斯著，曹卫东、刘北城、宋伟杰等译：《公共领域的结构转型》，上海：学林出版社，1999年。

［2］［美］约书亚·梅罗维茨著，肖志军译：《消失的地域：电子媒介对社会行为的影响》，北京：清华大学出版社，2002年。

［3］［美］拉扎斯菲尔德、［美］贝雷尔森、［美］高德特著，唐茜译：《人民的选择》（第三版），北京：中国人民大学出版社，2012年。

［4］［美］唐·舒尔茨、［美］海蒂·舒尔茨著，何西军、黄鹂、朱彩虹等译：《整合营销传播：创造企业价值的五大关键步骤》，北京：中国财政经济出版社，2005年。

［5］周亚越：《行政问责制研究》，北京：中国检察出版社，2006年。

［6］［日］清水公一著，胡晓云、朱磊、张姮译：《广告理论与战略》（第13版），北京：北京大学出版社，2005年。

［7］［日］《电通广告事典》编撰组编：《电通广告事典》，电通公司，2001年。

［8］李德华：《城市规划原理》，北京：中国建筑工业出版社，2008年。

［9］［加］雅各布斯著，金衡山译：《美国大城市的生与死》，南京：译林出版社，2005年。

［10］［美］马库斯卡罗林·弗朗西斯著，俞孔坚等译：《人性场所——城市开放空间设计导则》，北京：中国建筑工业出版社，2011年。

［11］申蔚、曾文琪编著：《虚拟现实技术》，北京：清华大学出版社，2009年。

［12］喻国明等：《微博：一种新传播形态的考察——影响力模型和社会性应用》，北京：人民日报出版社，2011年。

［13］CHENG X，DALE C，LIU J. Understanding the characteristics of internet short video sharing：YouTube as a case study. 2007.

## 二、论文

［1］AAKER J L. Dimensions of brand personality. Journal of marketing research. 1997（34）.

［2］BOURDIEU P，WACQUANT L J D. An invitation to reflexive sociology. Chicago：The University of Chicago Press，1992.

［3］马捷、孙梦瑶、尹爽等：《微博信息生态链构成要素与形成机理》，《图书情报工作》2012 年第 9 期。

［4］任孟山：《从魏则西、雷洋事件看社交媒体时代舆论新生态》，《传媒》2016 年第 10 期。

［5］刘海龙：《像爱护爱豆一样爱国：新媒体与“粉丝民族主义”的诞生》，《现代传播（中国传媒大学学报)》2017 年第 4 期。

［6］卢嘉、刘新传等：《社交媒体公共讨论中理智与情感的传播机制——基于新浪微博的实证研究》，《现代传播（中国传媒大学学报)》2017 年第 2 期。

［7］罗婷、李成：《如何开发舆情监测产品？——人民网舆情监测室的运作模式》，《中国记者》2010 年第 6 期。

［8］张垒：《舆情信息产品：现状、困境与趋势》，《现代传播（中国传媒大学学报)》2011 年第 10 期。

［9］赵丽娟：《社会网络分析的基本理论方法及其在情报学中的应用》，《图书馆学研究》2011 年第 20 期；引自韩真：《基于共词分析的主题类型划分方法比较研究》，《图书馆》2009 年第 2 期。

［10］黄胜兵、卢泰宏：《品牌个性维度的本土化研究》，《南开管理评论》2003 年第 1 期。

［11］严小芳：《移动短视频的传播特性和媒体机遇》，《东南传播》2016 年第 2 期。

［12］李艺、杨月：《当代大学生非理性消费行为归因研究》，《沈阳工业大学学报》（社会科学版）2014 年第 5 期。

［13］黄楚新、闫文瑞：《智能互联时代媒体融合新模式：“媒体＋电商”》，《新闻论坛》2018 年第 5 期。

［14］姜鹏鸽：《4G 时代基于移动微视频社交应用的个体表达研究》，《东南传播》2016 年第 6 期。

［15］白皓天：《"七秒"营销——浅谈短视频营销》，《新闻传播》2016 年第 6 期。

［16］许颖：《接触点管理模式及其传播学透视》，《国际新闻界》2005 年第 2 期。

［17］王勇：《色彩设计在城市公共空间环境中的运用》，《中国石油大学胜利学院学报》2011 年第 12 期。

［18］吴垠：《关于中国消费者分群范式（China-Vals）的研究》，《南开管理评论》2005 年第 2 期。

## 三、报纸、杂志、网络文章

［1］《中学大屏幕上课时放"黄片"长达 20 多分钟》，金黔在线–贵州商报，http://edu.gog.cn/system/2008/11/05/010395781.shtml，2008 年 11 月 5 日。

［2］《兰州西关十字一街头电子屏幕夜播"黄片"惊呆路人》，每日甘肃网–兰州晨报，http://gansu.gansudaily.com.cn/system/2010/06/19/011596234.shtml，2010 年 6 月 19 日。

［3］夏扬：《最新调查显示：广州居民在亚运期间城市归属感大幅提升》，《羊城晚报》，2010 年 11 月 23 日。

［4］《市中心大屏幕放 A 片》，《江南晚报》，2012 年 6 月 22 日。

［5］《北京地铁回应"王鹏你妹"事件：系学员误操作》，《新京报》，2012 年 10 月 8 日。

［6］钟毅、王丹波：《LED 户外广告今年可望达 15.5 亿元》，《第一财经日报》，2012 年 5 月 10 日。

［7］张然：《社科院报告称：近七成事件由网络舆论推动政府解决》，《共产党员》2011 年第 15 期。

［8］袁越：《厦门 PX 事件》，《三联生活周刊》2007 年第 37 期。

［9］杨明奇：《常州市长网上"自辩"的背后》，《瞭望东方周刊》2010 年第 4 期。

［10］《"迎接亚运会创造新生活"——当好东道主，请你来献策》，http://www.dayoo.com/wenji。

［11］《时趣：KOL 3.0 时代，粉丝的钱要科学地赚》，环球网，https://tech.huanqiu.com/article/9CaKrnK58U3，2017 年 9 月 11 日。

［12］王洋：《从首席记者到"买神"，黎贝卡是怎么做到的?》，http://www. adquan. com/post－2－35845. html，2017 年 2 月 23 日。

［13］《故宫再度联手时尚 IP 黎贝卡 "故宫·异想 2017"手帐三小时售罄》，http://fashion. sina. com. cn/l/sn/2016－11－24/1050/doc－ifxyawmn9971639. shtml，2016 年 11 月 24 日。

［14］2015 广告监管及指导广告业发展专家型人才培训班第二课题组：《对公益广告发展现状及发展方向的思考》，《中国工商报》，2015 年 11 月 24 日。

［15］《中国商界精英名望报告：用事实说话》，《名牌》2012 年第 10 期。

## 四、数据报告

［1］Oxford Dictionaries，https：//www. oxforddictionaries. com/，2016 年。

［2］孙丽萍：《〈咬文嚼字〉公布 2016 年十大流行语》，新华网，http://news. xinhuanet. com/politics/2016－12/14/c_1120118607. htm，2016 年 12 月 14 日。

［3］中国互联网络信息中心：《第 42 次〈中国互联网络发展状况统计报告〉》，2018 年 8 月。

［4］QuestMobile：《中国移动互联网 2018 秋季大报告》，2018 年 10 月。

［5］京东数据研究院、京东用户体验设计部：《2017 京东商品短视频数据研究报告》，2017 年 11 月。

［6］《Social Beta 短视频营销指南》，Social Beta，http://www. useit. com. cn/thread－10636－1－1. html，2015 年 11 月。

［7］《2016 年中国短视频行业发展研究报告》，艾瑞咨询，2016 年，http://report. iresearch. cn/report_pdf. aspx?id＝2643。

［8］祝华新、潘宇峰、陈晓冉：《2016 年中国互联网舆情分析报告》，李培林等主编：《社会蓝皮书：2017 年中国社会形势分析与预测》，北京：社会科学文献出版社，2016 年。

［9］朱磊主编：《中国房企名望报告（2012—2013）》，暨南大学舆情研究中心，2013 年。

［10］朱磊、邓之祺、钟肖辉：《中国 VR 营销生态白皮书（用户篇）》，第四届数字营销传播研究与应用国际研讨会，2016 年。

［11］中国广电公益广告大会暨全国广电公益广告论坛：《2017 年中国广电公益广告发展研究报告》，2017 年 12 月 13 日。

［12］中国广电公益广告大会暨全国广电公益广告论坛：《公益传播影响力年度报告》（2017 年版），2017 年 12 月 13 日。

［13］EnfoDesk 易观智库：《中国户外电子屏广告市场年度综合报告 2011》，易观，http://www.analysys.cn/article/analysis/detail/10290，2011 年 8 月 5 日。

［14］EnfoDesk 易观智库：《2011 年第 4 季度中国户外电子屏广告市场监测报告》，易观，http://www.analysys.cn/article/analysis/detail/5484，2015 年 3 月 11 日。

# 暨南文库·新闻传播学
# 第一辑书目